Q&Aで
よくわかる豊胸
美乳の教科書

丸山直樹
小野寺剛慧
宇都宮裕己
中江星子

現代書林

はじめに

今や自分の意志で
自由にバストメイクできる時代

バストの悩みを抱える方は非常に多いものです。

- 小さなバストのコンプレックスを解消したい
- 授乳後に垂れた胸を元に戻したい
- しぼんだ胸にハリをもたせたい
- デコルテの痩せが気になる
- 服を美しく着こなしたい
- とにかく胸を大きくしたい
- 男性の体に生まれたが美しいバストを手に入れたい

当院は２０１７年の開設以来、さまざまな美容外科のメニューを提供してきました。中でも「豊胸＝バストアップ」を希望される方はとても多く、年々ニーズが高まっています。

さらに、ただ大きいだけではなく、自然で形の良いバストが求められています。

世間にはバストアップの下着やエクササイズ、食事法など、さまざまな方法が出回っていますが、やはり、確実に、すぐに、しっかりボリュームをもたせたいというなら美容外科の「豊胸術」が一番です。

私たちが本書を書いた目的は大きく2つあります。

ひとつは豊胸術について、正しく理解をしていただきたいということです。

どんな豊胸メニューがあるのか、それぞれにどのような特徴があるのか、クリニックを訪れる前にチェックしていただきたいと思います。みなさんからよく受ける質問をQ&A方式でまとめたので、わかりやすく、気軽に読んでいただけると思います。

確実に形の良いボリュームバストが手に入る豊胸術ですが、一方で、デメリットももちろんあります。それもしっかり頭に入れていただきたいと思います。

また、周囲にバレてしまわないか、乳がん検診が受けられるのかといった不安や心配事にもお答えしていきます。

当院では「やせる美乳」「バレない豊胸」というメニューを提供しており、大変な人気を博しています。質問もよく寄せられるので、こちらについての詳しい紹介もしていきたいと思います。

もうひとつの理由は、みなさんが美容外科で豊胸を受ける際に、だまされたり、後悔したりしてほしくないという思いがあるからです。

「だまされる」などという言葉は穏やかではないのですが、事実、美容外科で豊胸を受けて、「すぐ元に戻ってしまった」「しこりができてしまった」というトラブルを抱える方が後を絶ちません。

なぜこうしたトラブルが起こるのかというと、形成外科の技術に裏打ちされていない、未熟な医師による施術が行われるケースがあるためです。残念ながら一部のクリニックにおいて、拝金主義的な経営が行われている現状があります。そのようなクリニックでは、専門医ではないアルバイト医師を雇って、「とにかく件数をこなす」というシステムになっています。

美容外科が抱えるこうした構造的な問題について、前著『32歳の悩める女子が美容外科医に聞いてみた』(小社刊)でも指摘しましたが、同業者として非常に残念に思っています。

本書を読むみなさんには、絶対にクリニック選びを間違ってほしくないという思いが強くあります。

高い技術を持ち、みなさん一人ひとりの悩みに寄り添って誠実に対応してくれるクリニックを選ぶことで「本当によかった!」と心から喜べる豊胸を受けていただきたいと思います。

当院は銀座という場所柄、やはり会社勤めの方が多いのですが、ほかにも看護師、美容師、接客業、ドライバー、モデルやタレント、工場勤務、主婦など、本当にいろいろな方が来院されています。年齢も10代から60代までと、実にさまざまです。

豊胸術を望むのは、「長年、胸のことで悩んできた」という方ばかりではありません。

ボリュームがそこそこあり、あまり豊胸の必要がなさそうな方も、「もうちょっと盛りたい」「もっときれいな形にしたい」などというように気軽に豊胸を受けています。今や自分の意志で自由にバストメイクできる時代に入ってきているのです。豊胸によって、みなさんの人生がさらに輝くことを心から願っています。

なお、本書はみなさんの疑問に対して、より専門的でわかりやすくお答えできるよう、4名で執筆しました。

2021年10月

医学博士・日本専門医機構形成外科領域専門医　丸山直樹

日本専門医機構形成外科領域専門医　小野寺剛慧

医学博士・日本専門医機構形成外科領域専門医　宇都宮裕己

日本専門医機構形成外科領域専門医　中江星子

PART 1
バストアップの不安と疑問に答えます

PART 2 バレない「脂肪注入」の不安と疑問に答えます

PART 3 施術が短時間「ヒアルロン酸」の不安と疑問に答えます

PART 4

一気にサイズアップ「シリコンバッグ」の不安と疑問に答えます

PART 5 失った胸を取り戻す「乳房再建」の不安と疑問に答えます

PART

1

バストアップの不安と疑問に答えます

この章では豊胸について全般的な疑問に答えます。豊胸にはどんな種類があるのか、どの方法があなたにぴったりなのかを選ぶ手助けになればと思います。また失敗しないための美容外科選びについても見解を述べます。

大山直樹

Q 豊胸にはどんな種類がありますか？
また自分にはどのような方法が合うのでしょうか？

A 豊胸にはシリコンバッグ挿入、脂肪注入、ヒアルロン酸注入法があります。それぞれのメリット、デメリットを見比べれば自分に合った方法がわかるはずです。

詳しくはそれぞれのパートで説明しますが、「シリコンバッグ（インプラント）」はシリコンでできた袋状のバッグ（インプラント）を挿入する方法です。2カップ以上上げたい方に向いています。

「脂肪注入」は、お尻やお腹などからご自身の脂肪を吸引して、それをバストに注入する方法です。ご自分の脂肪ですからアレルギーなどの副作用がまったくなく、お尻痩せ、脚痩せも叶うというメリットがあります。一方で皮下脂肪が非常に少ない方は脂肪が十分に採取できず、難しい場合もあります。

「ヒアルロン酸」はもともと体内にある、皮膚の保湿や弾力を保つ物質です。これをバストに注入することでボリュームを出します。ヒアルロン酸を注入するだけなので手軽にできますが、長くて半年ほどで吸収されて元に戻ってしまいます。

それぞれのメリット・デメリットをまとめましたので参考にしてください。

それぞれのメリット・デメリット

	メリット	デメリット
脂肪注入	●自分の脂肪を使うので体に優しい ●仕上がりが自然 ●脚痩せ・お腹痩せも叶う	●１回で大きくできる量が限られている ●一定の吸収が起こる ●皮下脂肪が少ない人は取りにくい
ヒアルロン酸	●ヒアルロン酸を注入するだけなので手軽 ●皮下脂肪がない人もできる	●３カ月〜半年で体に吸収されてしまう ●しこりになるリスクがある
シリコンバッグ	●２カップ以上ボリュームを出せる	●加齢に伴いお直し（メンテナンス）が必要

Q シリコンバッグ、脂肪注入、ヒアルロン酸でそれぞれ何カップぐらい上げることができますか？

A 脂肪注入、ヒアルロン酸は2カップまで、それ以上はシリコンバッグで対応できます。いわゆる「巨乳」にすることも可能です。

脂肪注入、ヒアルロン酸は「2カップアップ」が目安

人によって違いがありますが、一般論として述べます。

まず脂肪注入、ヒアルロン酸では1回で0・5から1カップぐらいアップします。足りない場合は繰り返して入れることでさらに上げることができます。ただ、脂肪注入、ヒアルロン酸の場合は2カップぐらいまでが限界といわれています。

経験上では、3カップ以上、上がる方もいます。しかしまずは2カップを目安としてください。

なぜ人によって差があるかというと、皮膚の伸びやすさが違うからです。皮膚が厚くて伸びが悪い方はボリュームが出づらいのです。逆に皮膚が伸びやすい方、授乳で

どんな胸にしたいかで豊胸術を選ぶ

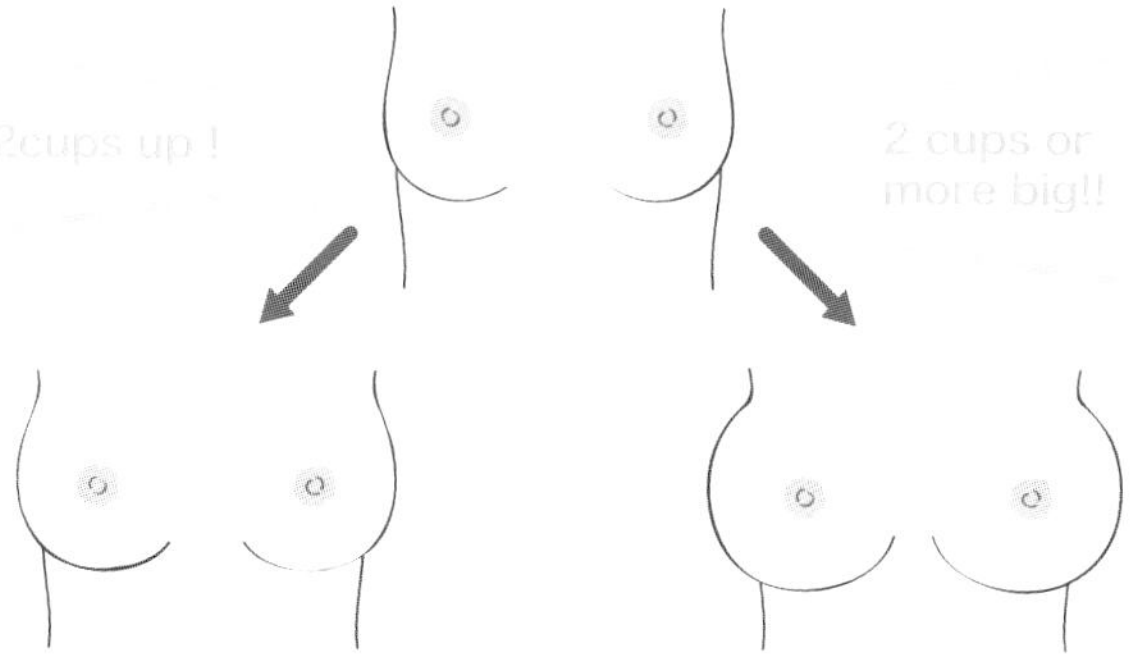

2cups up !
2 cups or more big!!

2カップまでの自然な豊胸
→脂肪注入、ヒアルロン酸

一度に大きくしたい、
2カップ以上盛りたい
→シリコンバッグ

一回伸びている方は脂肪注入の効果が出やすいといえます。

2カップ以上上げたい場合はシリコンバッグがお勧め

2カップ以上上げたい、巨乳にしたいという場合はシリコンバッグがお勧めです。シリコンは皮膚を伸ばしながら大きくする効果がありますから、2カップ以上、Eカップ、Gカップ、それ以上にすることも可能です。

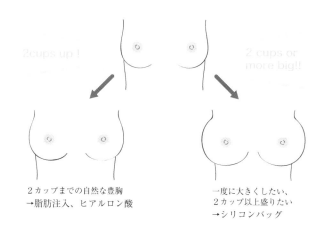

Q 豊胸を行っているクリニックがたくさんあって迷います。どんなクリニックを選べばいいですか？

A 「3つのポイント」をチェックしましょう。超音波設備がある、高い技術力を持っていることはもちろん、執刀医自身がカウンセリングをしてくれるクリニックを選んでください。

「超音波設備」を持っているかどうかを確認する

まず外せないポイントとして、豊胸を行うクリニックは、最低限、超音波（エコー）検査のできる機器を備えているべきです。というのは、術後にしこりができたり、感染症が起こったときなどに検査のできる態勢を整えておく必要があるからです。

以前にどこかで豊胸を行った方の場合、当院ではカウンセリング時に必ず超音波検査をします。たとえばシリコンバッグを入れている方なら、シリコンが変形してしまっていないか、拘縮（後述）を起こしていないか、超音波で確認します。それを見てからでないと治療方針が立てられません。異物が残ったままの再手術は、感染症などトラブルの原因となってしまいます。

逆に言えば、超音波設備を持たずに豊胸を行っているクリニックはお勧めできません。大きなチェックポイントとして最初に確認すべき点だと思います。

執刀医がどういう経歴を持っているかをチェックする

執刀医が形成外科の技術を持った先生かどうかもチェックすべき点です。豊胸は形成外科の技術を持った医師が行うべき施術だと私は思います。

前著にも書きましたが、美容外科の世界では、専門医でない「アルバイト医師」が担当している実態もあります。普段は整形外科や内科の先生が、休みの日などにアルバイトで来て手術を行うケースです。

みなさんはそのような医師に執刀してもらいたいですか？　これでは当然、トラブルも多くなりがちです。なによりも、そのような先生は何かあったときにクレーム対応がきちんとできません。

ある程度情報を集めたら、自分の感覚に合うところを探し、最後は必ず執刀する医師と直接話をしましょう。クリニックを訪問しなくとも、オンラインカウンセリングでもいいと思います。ここで執刀医自身がカウンセリングをしてくれるかどうかも大きなポイントです。直接話してはじめてわかることもあるはずです。

というのは、カウンセリングを医師が行うのではなく、医療者ではない無資格のカウンセラーが行う場合があるからです。前著にも書きましたが、これは美容外科の悪しき風習にほかなりません。

決して安くないお金を支払って、医療サービスを受けるわけです。執刀する医師と話してこそ、「手術を受けるかどうか」を判断できるはずです。

無資格のカウンセラーと話しても意味がありません。「直接先生とお話をしたいので、先生をお願いします」と言っていいのです。患者である以上、術前に執刀医と話すのは当然の権利です。もしそこで「医師は出せない」というなら、そのようなクリニックは信用できません。

COLUMN

クリニック選びの3つのポイント

1 超音波設備を持っている
2 形成外科の知識と技術を持った医師が執刀してくれる
3 執刀医自身がカウンセリングをしてくれる

ドクター丸山のつぶやき 1

自分が推したい手術を勧めてくるありえないクリニック

豊胸術は患者さんにとって最大のメリットを考えて選ぶべきです。驚くことに、患者さんの都合はお構いなしで自分がやりたい手術、得意な方法を勧めてくるクリニックがあるのです。その手術を今ＨＰで大きく宣伝しているからとか、その方法は利幅が大きいからとか、そんな理由でその手術を推してくるのです。自分の利益を最大限に考え、患者さんの利益は二の次などということは、あってはならないことです。もし、カウンセリングでこちらの意見を聞くことなく「豊胸ならヒアルロン酸がいいですよ」などと一方的に勧めてきたら要注意。少なくともその場では決めず、一度帰って考え直しましょう。

Q クリニックによって値段がまちまちで、どこを選べばいいのかわかりません。

A ズバリ、「適正価格」のところを選びましょう。

安い方がいい？　高ければ安心？

豊胸に限らず、美容外科は自費診療ですから、料金はクリニックが自由に決めていいわけです。だから当然、クリニックによって価格はまちまちです。高めのところもあれば、安さを売りにするところもあります。

そうした中で、どうクリニックを選ぶかという話をしましょう。

まずハッキリ言ってしまうと、「価格」と「技術」は比例しません。よく「当クリニックは高い技術力があります」と言って、高めの料金設定をしているところがあります。ところが実際には技術が伴っているわけではなかったりします。

では激安を売りにしているところはどうかというと、実際にカウンセリングに行ってみると当初の値段では済まず、どんどん値段が釣り上げられるケースが往々にしてあります。

「あなたの場合は〇〇cc以上入れないと変わりませんよ」などと言われて、気が付いたら予定よりはるかに高い料金になっていたなどということがあるわけです。

そもそも医療機関が患者さんに対して「値段を釣り上げる」などということは、あってはならないことです。

いかにも安そうに言っておいて、実際に払う段となったら何倍にもなっていたなんて、悪徳セールスの手口といっても過言ではないでしょう。

へんな小細工をするのではなく、最初から「こういうケースはいくらです」と明朗に料金を提示すればいいだけの話です。

クリニックは「適正価格」で選ぶ

では料金設定はどのように見ればいいのでしょうか。私の意見では「適正価格」のところを選ぶのが間違いないと思っています。

高過ぎず、安過ぎずという「適正価格」。もちろん料金はカウンセリングに明示して、釣り上げたり、無理に押し付けたりしない。医療機関としてしごく当然のことです。

Q ネットで情報を集めていますが、口コミ情報が多すぎます。何を信じればよいのでしょうか？

A ネット情報は参考程度にとどめ、最後は自分で確かめましょう。

今どきは情報を得るためにネットを利用する方が多いと思います。私はネットの専門家ではありませんが、自分の立場から言えば、ネットの口コミは「両極端」な意見が多いような気がしています。つまり「すごくよかった」か、反対に「すごく悪かった」という、強い思いのある方が書き込むことが多いのです。特に「文句のある人」の方がより強いエネルギーで書き込むものです。

逆に言えば「よかった」「ほぼ満足」「まあこんなものかな」という、大多数の中間層の方は、書き込みをしないという実態があるわけです。

ですから、ネット情報はうのみにするのではなく、背後にいる大多数の「書き込まない人」のことを含めて考える必要があると思います。「すごくよかった」という情

報も、「最悪だった」という情報も、話半分程度に考えたほうがいいと思います。

やはり信じるべきは自分の感覚です。先ほど述べたように、実際に医師と会って話すことが何よりも重要です。「直接話す」ことこそが、最も信頼できる情報でしょう。

医師との相性もあります。どんなに人がいいと勧める医師であっても、自分には合わないということがあると思います。最後は自分がどう思うのかが大事です。

自分が「この先生なら任せられる」と確信できる医師に出会えたときにはじめて、手術をするかどうか決める。そのぐらいの気持ちでクリニック選びに臨んでいただきたいと思います。

Q 「増殖因子・成長因子」「アクアフィリング」など、最新式の豊胸術がよくネットで宣伝されています。やっぱり「最新式」がいいのでしょうか？

A 「最新式」はただの宣伝文句です。これらはエビデンス（医学的根拠）が十分ではなく、お勧めできません。

「増殖因子でバストが自然に育つ」というまやかし

「増殖因子・成長因子でバストアップ」と宣伝されているのは、胸に増殖因子・成長因子を注入すると脂肪が増殖し、自然に少しずつバストが成長していくという方法のことです。

それがもし本当ならこんな手軽ですばらしい方法はありません。しかしこのような方法はエビデンスがなく、豊胸術として評価の定まったものはありません。効果があるかどうかは、はなはだ疑問です。

効果がないばかりか、不適切な施術をされてうちに駆け込んで来られる方もいらっしゃいます。先日いらした方も、とあるクリニックで成長因子による豊胸をされたとのことで、胸全体に針の跡がたくさん残っていました。細かい針で胸全体をブスブス刺したらしく、表面がまるでいちごの種のようになっているのです。ケロイドのような感じになってしまっていて、こうなると元に戻すのは極めて困難です。もちろんバストアップ効果はほとんどありません。

ＨＰではさも最新の方法で簡単にバストアップができるように書いてありますが、とんでもない話です。

アクアフィリング・アクアリフトは「夢のバストアップ法」ではない

「アクアフィリング」「アクアリフト」といったゲルを注入する豊胸術もあります。アクアフィリングというのは水をベースにした充填剤なのですが、人体に注入するとトラブルが起こることがたびたび指摘されています。

乳腺の近くにアクアフィリングを入れた人が、妊娠後に激しい乳腺炎を起こしてしまったという論文も出ています（＊１）。

こうしたことを受け、２０１９年4月、日本の美容外科学会（ＪＳＡＰＳ、ＪＳＡＳ）

では「充塡剤注入による豊胸術に関する過去の経緯を踏まえ、安全性が証明されるまで非吸収性充塡剤を豊胸目的に注入することは実施するべきではない」という共同声明を出しました（＊2）。

にもかかわらず、いまだにアクアフィリング、アクアリフトによる豊胸術を行っているクリニックが存在します。最近も某大手クリニックでアクアフィリングによるトラブル（充塡剤が下腹部まで下がってきてわき腹から鼠蹊部が腫れた）が報道されました。こんなことが起こっているのに、依然としてなぜ使用を続けているのか理解に苦しみます。まさか大量の在庫処理のためではないかと疑いたくなります。みなさんはこんな方法を勧められたら即座に断っていただきたいと思います。

「最新」といううたい文句がついたら怪しい

ほかにも注射でコラーゲンを生成させてふっくらバストになるなど、いろいろな「最新バストアップ」をうたっているクリニックがありますが、こういうものはすべて疑ってかかったほうがいいと思います。

現在、豊胸で確立されている方法は「シリコンバッグ挿入」「脂肪注入」「ヒアルロ

ン酸注入」の3つだけです。この3つ以外の医学的根拠のない方法を選択してはダメです。

＊1：日本美容外科学会会報2018年12月25日「アクアフィリングによる豊胸後に、乳腺炎を契機に感染を起こした1症例」
＊2：「非吸収性充填剤注入による豊胸術に関する共同声明」

Q バストが垂れているのが悩みです。豊胸で上向きのバストにすることはできますか？

A もちろん可能です。下垂の程度によってお勧めの方法が変わります。

実は「下垂」ではなく「下垂気味」の方が一番多い

バストの下垂に悩んでいる方は多くいますが、脂肪注入、シリコンバッグのいずれも、垂れ気味のバストを上向きにすることは可能です。

まずはご自分の下垂の状態を確かめてください。真横から見たときに、バストの下のラインがありますね。

ここより乳輪、乳首が垂れている場合を「下垂」といいます。下のラインより垂れていないのは、下垂気味、垂れ気味といいます。

この方法で見てみると、実は「下垂」ではなく「下垂気味」という方が多いのです。

下垂気味の場合であれば脂肪注入、ヒアルロン酸の注入時の工夫で改善が可能です。

バストのデコルテ部分をしっかり盛ることで、上向きの美乳に仕上げることができます。

シリコンバッグの場合は、入れ方の工夫で下垂気味のバストを上向きにすることが可能です。

ただし、あまり下垂している場合はシリコンを入れてしまうと、より下垂が目立つケースがあります。その場合はシリコンではなく、脂肪注入による豊胸をお勧めしています。

垂れてしまっている場合はバストを持ち上げる手術で対応

完全に垂れてしまっている場合は、外科手術で改善することができます。

方法は、乳輪の外周を切開して、乳頭と乳輪を上に持ち上げ、なおかつ下部の皮膚を切って縫い縮めます。「下から押し上げる」イメージです。

傷跡としては乳輪のまわりを1周取り囲むように傷ができるのと、縦筋の傷が乳輪の下から乳房下溝の方向にできます。

傷跡は残りますが、半年から1年くらいで幅1㎜くらいの肌色の筋になります。特

理想的なバストの位置と下垂度

理想的なバストの位置

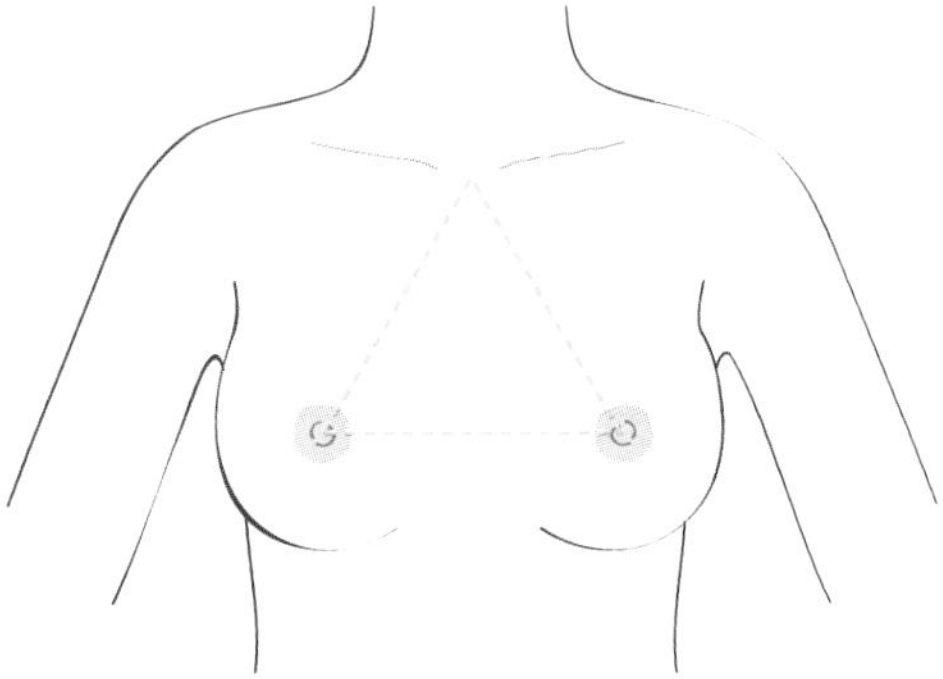

理想的なバストの位置は、左右の乳頭間の距離と両鎖骨の間を結ぶ距離が正三角形になるバランス

バストの下垂度

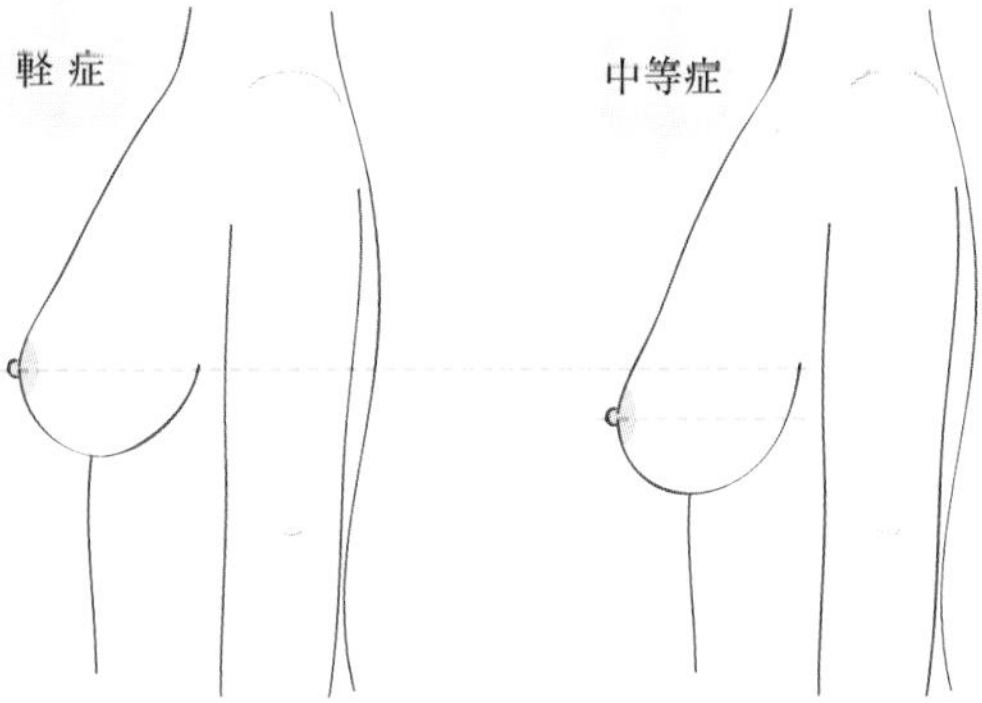

乳頭の位置が乳房下縁

乳頭の位置が乳房下縁の1～3cm下
(3cmより下だと重症)

下垂手術（乳房吊上げ術）

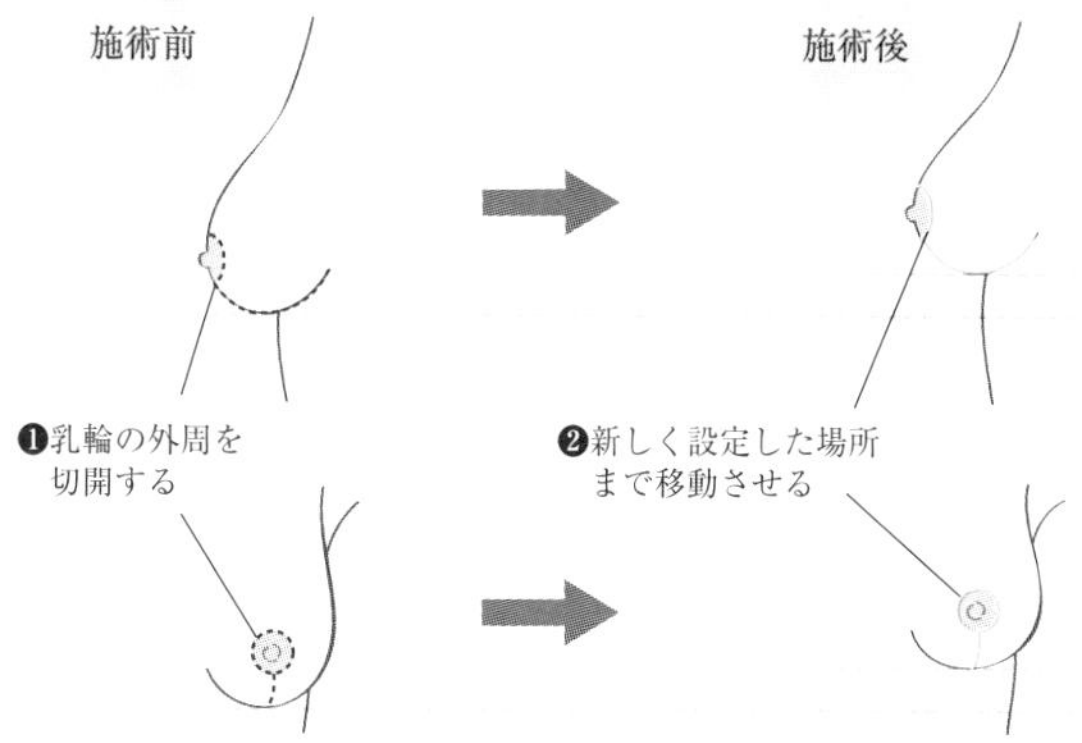
施術前
施術後
❶乳輪の外周を
切開する
❷新しく設定した場所
まで移動させる

に乳輪のまわりの傷はかなり目立たなくなります。とはいえ、傷が残ることは残るので、よく考えてから手術を受けることをお勧めします。

いずれにしてもカウンセリングに来ていただければ、下垂の診断も含めて、その方にとってどのような方法がベストなのか、どのぐらいの傷が残るのかをお伝えすることができます。

また、乳輪が大きく少し垂れているという場合は、「乳輪縮小」という手術をして乳輪を少し小さくするだけでもバストアップできる場合もあります。その場合は、乳輪の周囲を切るだけですので目立つ傷にはなりません。

Q 授乳後、バストのボリュームがなくなり、シワシワになって悲しくなりました。元のハリのあるバストに戻れますか？

A 実は授乳経験のあるほうが豊胸には好条件。ハリのある若々しいバストを取り戻すことができます。

授乳で一度皮膚が伸びているので豊胸しやすい

授乳後は使われなくなった乳腺が萎縮してしまうので、どうしてもバストは小さくなります。時間とともに少しずつ戻りはしますが、元のハリは戻らなかったり、形が下垂したりということがあります。また授乳とは別に、加齢とともに女性ホルモンが減少していきますから、年を取ればその分、乳腺は退化していきます。

産後に「胸がしぼんだ」と悩む方は多くいますが、胸のハリは脂肪注入で簡単に取り戻すことができます。授乳中は乳腺が発達し、胸の皮が一度伸びていますから、そこに脂肪注入をすることで元の大きさとハリは十分に取り戻すことができます。

乳輪・乳頭部分のシワシワに悩む方も多いのですが、その部分にも細い管を使って

授乳でしぼんだ胸のケース

BEFORE　　約1カ月後　　AFTER

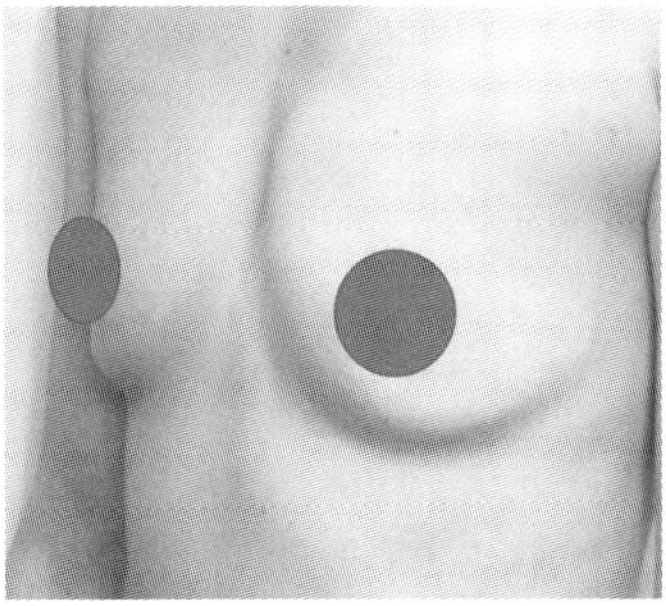

授乳によって全体的に胸がしぼみ、ゆるみも見られる

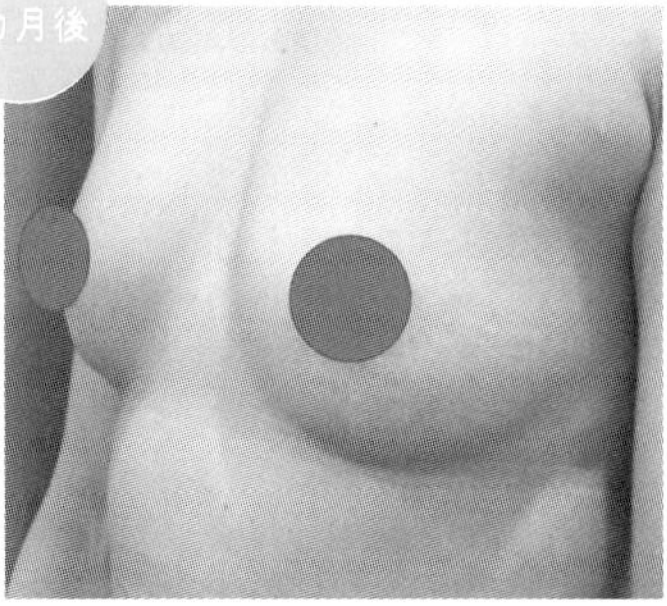

全体的にふっくらとボリュームアップ。ハリも取り戻した

しっかり脂肪を入れ込みます。高度なテクニックが要求されますが、きれいに仕上げる自信があります。もちろん、さらに大きくしたい方はシリコンでもOKです。

断乳後の豊胸は半年ほどあけて行う

断乳後は乳腺炎になりやすい状態にありますので、すぐに行うのは避けたほうがいいと思います。クリニックや助産院などでケアを行っている場合は、ケアが終了してから行ってください。一般的には半年もあければ十分かと思います。

Q 豊胸をすると、乳がんの検査ができなくなるってホントですか？

A どの豊胸手術を受けても乳がん検診は受けられます。ただし、シリコンバッグを入れた人は少々注意が必要です。

シリコンバッグを入れるとマンモグラフィの検査を断られる場合も

豊胸手術をすると乳がんの検診ができない、あるいは乳がんの発見が遅れると心配する方は多いです。

脂肪注入、ヒアルロン酸に関しては、マンモグラフィもその他の検査もまったく問題なく受けられます。

乳がん検診で問題となるのはシリコンバッグを入れた場合です。シリコンが入っていると、医療施設によってはマンモ検査を断られることがあります。バッグの破損・破裂・移動が起こる可能性があるとされるためです。

ただ、施設によってはマンモもOKのところもあります。シリコンを避けて乳腺だけを見る方法もあるし、大胸筋下（後述）に入っていれば大丈夫というところもあるようです。ただ、シリコンが入っていることによって見づらくなり、乳がんが見逃されるリスクがないとは言えません。

とはいえ、乳がんの検診は、マンモだけではなく、超音波（エコー）やCT、MRIなどの方法もあるので、そうした方法を組み合わせることによってしっかり診断がつき、見逃されるということはないはずです。

なお、脂肪注入に関しては、注入の3カ月以降に検診を受けるようにしてください。脂肪がしっかり定着してから行ったほうがいいからです。

ヒアルロン酸に関してはすぐに行ってもらってもいいのですが、マンモではさまれるとちょっと形が変わってしまうリスクがあります。ヒアルロン酸は3〜6カ月で元に戻る豊胸術なので、そのタイミングで検査をされるのがいいと思います。

乳がん検診で一番大事なこと

豊胸後の乳がん検診で一番大事なことは、豊胸したことを検診時に伝えることです。会社や自治体の健康診断であっても同じです。

実は豊胸しています
OK!

もちろん、シリコンだけでなく、脂肪注入、ヒアルロン酸でも伝えなければいけません。伝えないと誤診につながります。シリコンの場合はマンモでも超音波でも映像に映ります。

場合によっては手術したクリニックで紹介状を書いてもらうといいと思います。

豊胸すると乳がんになりやすいってホント？

豊胸すると乳がんになるリスクがあがるのではないかと心配される方もいらっしゃいますが、豊胸と乳がんはまったく関係ありません。

これについてはしっかりした論文も出ています。安心して受けていただいて大丈夫です。P156（乳房再建）も参照してください。

Q 豊胸をすると授乳に影響はありませんか？　授乳できないとか、おっぱいの出が悪くなったりしないか心配です。

A 正しい施術をすればまったく影響ありません。

母乳は乳腺から分泌されます。豊胸は乳腺には一切手を加えないので、基本的には授乳にはまったく影響ありません。

これを基本としたうえで、それぞれの方法を見て行きましょう。

脂肪注入の場合は注射器で脂肪を注入します。このとき乳腺を避けて、まわりの脂肪組織や筋肉の中に注入します。実は乳腺というのはかなり硬い組織で、簡単に注入用の針が刺さるようなものではありません。乳腺を避けて丁寧に注入すればまったく問題ありません。

ヒアルロン酸も同様に、直接乳腺に注入するわけではないので母乳への影響はありません。ただしヒアルロン酸を乳腺の非常に近いところに入っているとちょっと問題です。授乳時に乳腺が張ってきたとき、ヒアルロン酸が接していると乳腺炎の原因となる場合があります。もちろん正しく入っていればこのようなことは起こりません。

シリコンバッグを大胸筋の下に入れる場合は、授乳に影響はありません。ただし、乳腺下に入れたケースで、シリコンがしこり（カプセル拘縮）になっているような場合は、乳腺炎になるリスクがあります。

また、前述しましたが、アクアフィリング・アクアリフトを乳腺に接して入れている場合は、乳腺炎を起こす可能性があるので要注意です。

いずれにしても、豊胸術を行う場合は将来的な授乳のことを意識した手術を行うことが大前提です。カウンセリング時に「授乳には影響があるのか」、「ないとしたらなぜ影響がないのか」と聞いてみて、きちんと説明をしてくれる先生を選ぶことが大事だと思います。

Q トランスジェンダーのMTF（male to female＝持って生まれた体が男性で性自認が女性）ですが、豊胸できれいなバストラインを手に入れることができますか？

A 男性の豊胸も美しく仕上げることができます。

しっかりしたバストを作るならシリコンバッグがお勧め

持って生まれた体が男性の場合、皮膚が厚く硬い傾向にあります。するとどうしても大きさを出しづらいということが起こります。ですから、しっかり大きくしたいという人には、やはり脂肪注入よりもシリコンバッグをお勧めすることが多いです。「大きさはそれほど求めなくて、少しふっくらするぐらいでいい」という場合なら、脂肪注入でももちろん大丈夫です。

ホルモン治療を受けている場合の注意点

MTFの方の中には、ホルモン治療をされているという方もいらっしゃると思います。治療の反応が良いと乳腺が大きくなり、皮膚も柔らかくなっているので、脂肪注入で大きさを出すことも可能です。

なお、ホルモン治療を受けている場合は豊胸を行う1カ月前からホルモン剤をやめてもらうようお願いしています。血栓症を予防するためです。

COLUMN

ドクター丸山のつぶやき 2

脂肪注入でふっくらバストを手に入れたMTFの患者さん

一般的に男性の豊胸は女性より難しいといわれますが、当院は高い技術力で美しく自然なバストを形成します。先日もMTFの方に脂肪注入術を行いました。この患者さんはかなりやせ型で、ほとんど皮下脂肪がありませんでした。なんとか100ccの脂肪をかき集めて取り、バストに注入。大きさは出せなかったけれど、ふっくらしたかわいらしいバストになりました。

男性的なゴツゴツとした体型がコンプレックスとおっしゃっていましたが、「バストに丸みが出て、ゴツゴツ感が消えた」と、大変喜んでいらっしゃいました。

Q 胸の左右差が気になるのですが、豊胸をするときに治せますか？また、豊胸と同時に陥没乳首を治すことはできますか？

A どの豊胸術でも左右差は補整できます。豊胸術と同時に陥没乳首も治せます。

技術で左右均等に近づける

ほとんどの方はバストに左右差があるものです。そもそも人間の体は完全な左右対称ではありません。ですが、あまりに左右差があるとご本人は気になるものでしょう。左右差の補整は脂肪注入、ヒアルロン酸、シリコンバッグと、どの豊胸術でも可能です。

脂肪注入、ヒアルロン酸注入の場合は、入れ方の工夫でバランスを取ります。ボリュームをそろえるのはもちろん、形もできるだけ左右均等になるよう努力をします。また「離れ乳」を少し真ん中に寄せることもできます。

シリコンの場合は、左右で大きさを微妙に変えることによって、豊胸と同時に左右

左右差のある胸のケース

BEFORE

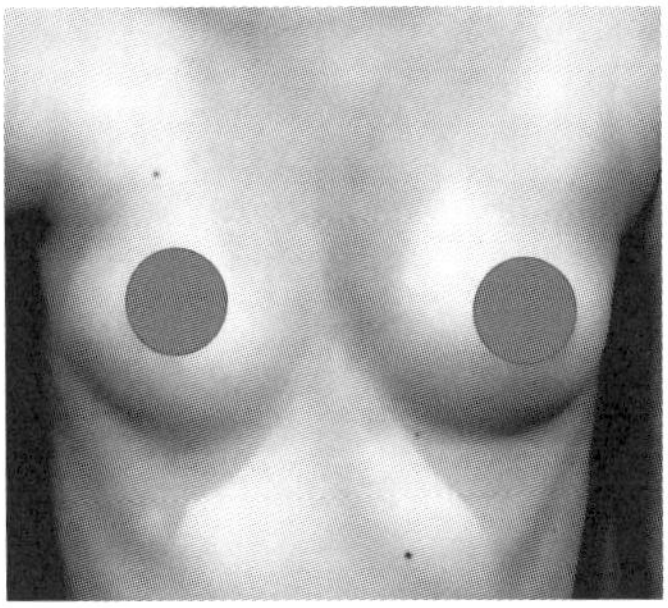

向かって左側の胸のボリュームが少し足りない印象

AFTER

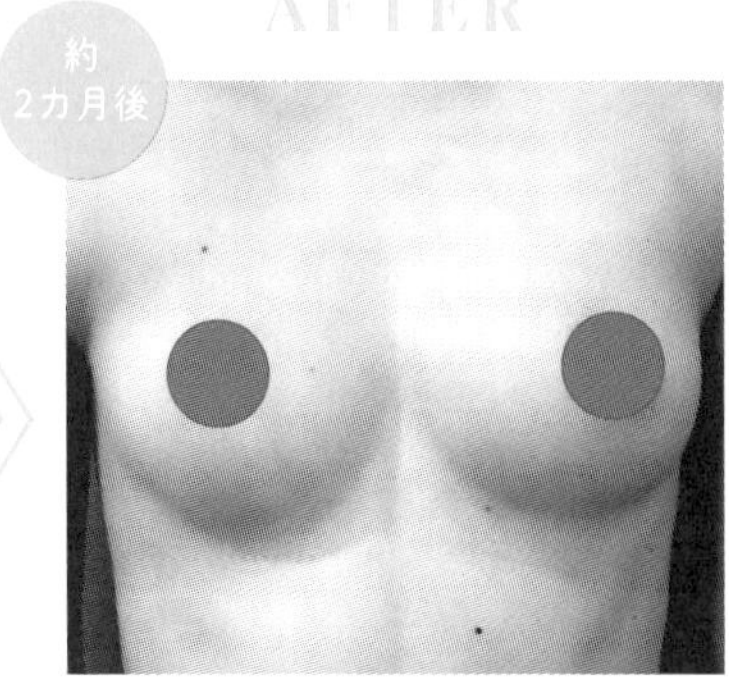

左右差が解消され、自然なボリュームアップ

差を調整することができます。

同時に陥没乳首も修正可能

豊胸を希望する方の中には、陥没乳首に悩んでいる方も多くいらっしゃいます。乳頭を刺激しても出てこない真性の場合と刺激すれば出てくる仮性の場合があります。

どちらも豊胸術と同時に治すことができます。自然な形で乳首が形成でき、傷跡もほとんどわかりません。もちろん、授乳も可能です。

Q マッサージやサプリ、補整下着（ブラ）、運動など、自力でバストアップすることは可能ですか？

A 非常に難しいと思いますが、ひとつだけ医学的に効果があるバストアップ法があります。

マッサージの効果は一時的なものに過ぎない

バストをマッサージして大きくする「バストアップマッサージ」というものがあるようですが、医学的には効果があるかどうかは疑問です。効果があるとしても一時的なものだと思います。強い力でマッサージをすると血流が良くなって、乳腺が一時的に腫れたような状態になり、大きくなったように見せかけることができます。

補整下着の効果は10年後!?

世間にはバストアップのための補整下着、育乳ブラというものがいろいろあるようですね。背中やわきの脂肪を寄せてきてカップに収めているうちに、バストとして定着するということのようですが、これもエビデンスなどはありません。

ただ、持続的にテンションをかけ続けると、「リモデリング」によって体の一部が変形することはあります。ミャンマーの首長族やアフリカの部族などで、耳たぶや唇をアクセサリーで伸ばす風習を思い浮かべると、おわかりいただけるでしょう。

それを考えれば毎日背中の脂肪を持続的に寄せてくることによって、バストの位置に定着する可能性もないとは言えません。ただそれは5年、10年かかってできるかどうかという話ではないでしょうか。

サプリメントは健康被害が出るリスクも

サプリメントについては、女性ホルモン様の働きをすることによってバストアップが達成されるというフレコミのものが多いようです。

女性ホルモンにはバストアップ効果があります。しかし、ホルモン剤は病院で処方される薬。バストアップを目的とした処方はされませんし、もちろんサプリメントには使用できません。

そこで女性ホルモンに似た働きをする物質を配合することで、バストアップ効果を狙うというサプリメントが出回っています。

しかし、そこで著しいバストアップ効果のあるサプリがあるとしたら、それは危険でさえあります。過去に健康被害が出たケースもありますから、こうしたものに安易に手を出さないよう気を付けていただきたいと思います。

医学的に効果があるのは、「大胸筋」を鍛えること

自力でのバストアップで、ひとつだけ、医学的に考えて効果があると思われる方法があります。それは腕立て伏せやダンベルエクササイズなどで「大胸筋」を鍛えること。バストを土台から盛り上げるような効果が期待できます。

しかし、これはデコルテ部分にハリが出るだけであって、胸自体のボリュームがアップするわけではありません。多くの女性が憧れる、理想のバストラインが手に入るかというと、ちょっとイメージが違うかもしれません。

やりすぎると「ムキムキ感」が出てしまうのでご注意を。トレーニングをするなら、やりすぎない程度に行うことが大切です。手のひらを合わせて合掌の形を取り、手のひら同士を押し合うトレーニングはお勧めです。

バストアップエクササイズの仕方

1

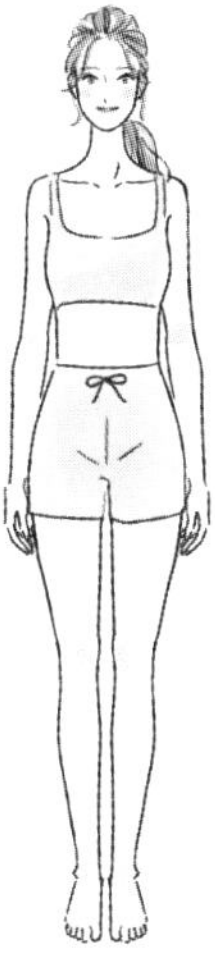

両足をそろえ、背筋は伸ばして胸を張り、まっすぐ立つ。

2

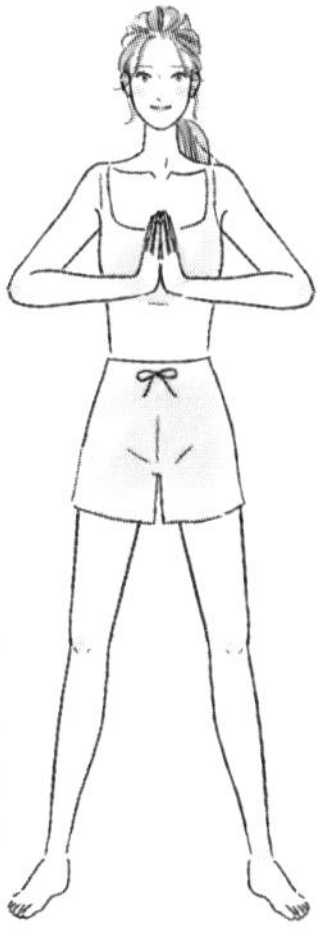

足を腰幅よりやや広めに開き、合掌のポーズを取って左右の手を押し合う。

3

2 のポーズのまま、両腕で胸を寄せて突き出すようなイメージで、わきを閉じていく。

4

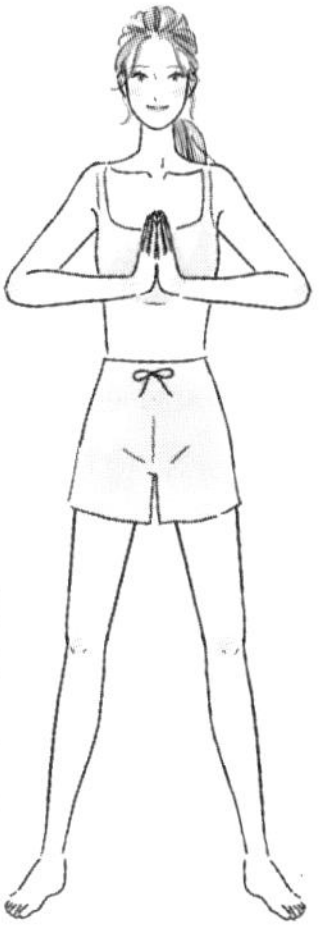

2 のポーズのまま、今度はひじが手首と水平になるくらいまでわきを開いていく。

＊背中を丸めず、胸を張った状態で 3 ～ 4 を10回ほど繰り返しましょう！

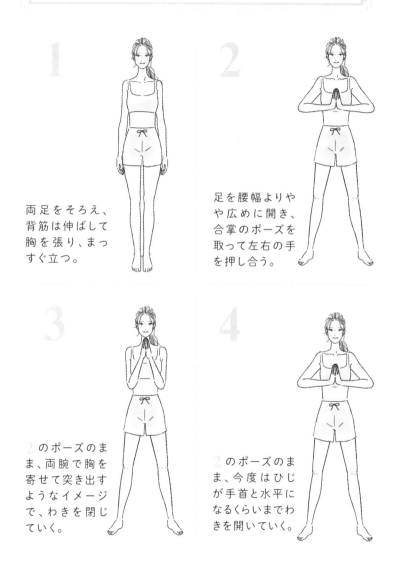

Q 貧乳が長年のコンプレックス。せっかく豊胸するなら、AカップをDカップまで上げて「爆乳」にすることはできますか？

A できます。ただ不自然にならない工夫が必要です。

シリコンバッグなら2カップ以上大きくできる

シリコンバッグであれば、基本的にはいくらでも大きくできます。ただ体のサイズに合わない大きなものを入れると、どうしても不自然になるリスクが生じます。

シリコンは100ccで1カップといわれていますが、3カップ上げるなら300ccです。300ccは実際に見るとかなり大きいです。スリムな方、小柄な方などは、胸だけがパーンと飛び出したような感じになりかねません。

その場合は、シリコンと脂肪注入を組み合わせるハイブリッド法を行うと、自然にバストアップできます。詳しくはP125を参照してください。

大きさより大事なものとは

豊胸をする以上、「2カップ上げたい」「Dカップにしたい」と希望される方もいらっしゃいますが、私としては「大きさ」「カップ」にはそれほどこだわることはないと思います。

バストは「大きさより形」です。

たとえばEカップあってもEカップに見えない方がいます。それはなぜかというと「形」の問題なのです。デコルテ部分がそげていて、下の部分にばかりボリュームがあるような場合は、バストの容量自体はEカップあっても、見た目はそう見えないわけです。

逆に、カップはCカップでも、見た目がEカップ、Fカップに見える方がいます。形がきれいなお椀型で谷間がしっかりあれば、大きいバストに見えるのです。また私は「わき乳」と呼んでいるのですが、バストを胸郭のフチからはみ出させると、かなりのボリューム感が出ます。

そのためには形をきれいに作ればよいのです。当院の豊胸はデコルテ、谷間、わき乳、下乳の部分を盛って形よくデザインすることによって、実際のカップ数より大き

ステキ！
！

大きさよりも「美乳」が大切

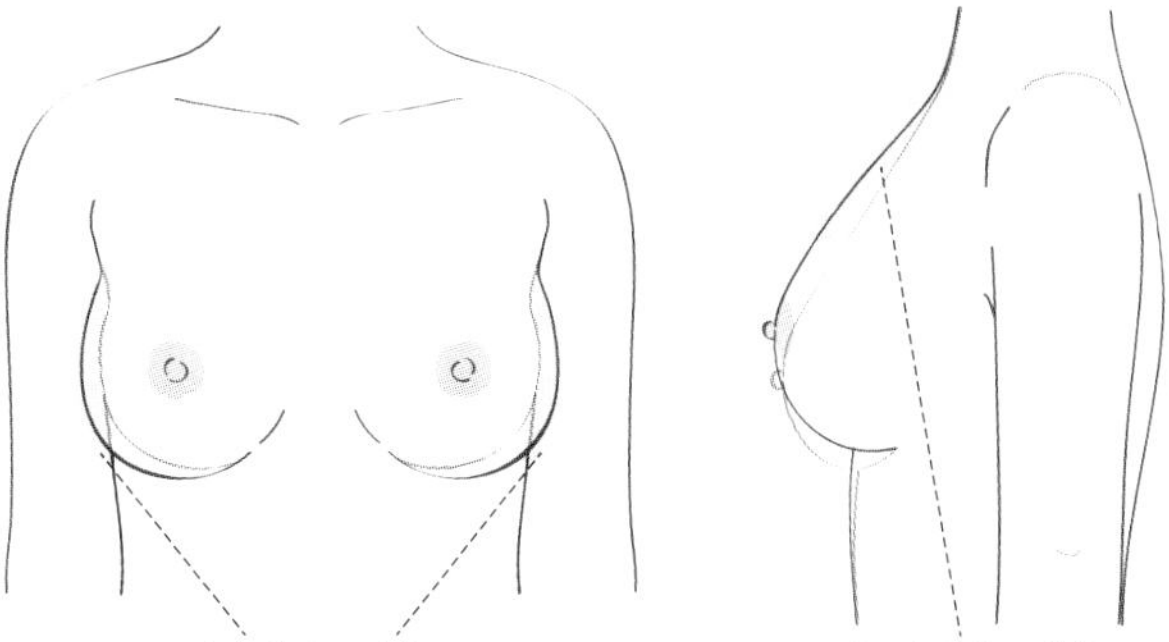

Cカップでも、デコルテ、下乳がきれいでわき乳が盛れていて
谷間がしっかりあれば、Eカップに見える！

く見せることができます。

大きさはいくらでも上げることができますが、ただ大きくすればいいというわけではありません。バストアップは大きさより「形」が決め手だと私は思っています。

Q ダウンタイム（術後の傷や腫れなどの回復期間）について教えてください。

A 術式によって違います。当院の手術は痛みや出血を最低限に抑える工夫をしているので比較的短いほうだと自負しています。

脂肪注入の場合、脂肪を吸引した部分が7日ほど腫れますので、圧迫していただきます。3〜4日ほどは筋肉痛のような痛みが残ります。1週間ほどすると「押さえると痛い」程度になります。バストの注入部の痛みはほとんどないか、あっても軽く痛む程度です。

ヒアルロン酸については、それほど強くはありませんが、3日ほどはバストに痛みがあります。

シリコンバッグの場合は大胸筋、または大胸筋膜を剥離してスペースを作り、そこにシリコンを挿入しますから、術後7日程度は痛みが残ります。

当院の場合、なるべく体に負担をかけないように注意して手術を行っているため、

ダウンタイムの目安

豊胸術の種類	痛み	腫れ・内出血
脂肪注入	3～4日	1～2週間
ヒアルロン酸	3日ほど	発生は稀
シリコンバッグ	7日ほど	1～2週間

痛みや仕上がりには個人差があるので、あくまで目安として考えてください

比較的痛みは少ないと思っています。

痛みは内服の痛み止めでコントロールできます。

また、多くのクリニックではシリコンを入れた後は、体外に血液を逃がすためのドレーン（管）を入れますが、当院の手術は出血が少ないので基本的にドレーンは使いません。内出血が起こる可能性もありますが、10日ほどで自然に消えていきます。

Q 術後のアフターケアはどうなっていますか？心配なことが起こったら連絡していいのでしょうか？

A 術後も万全のケアをします。当院の場合は術後24時間365日体制で直接医師に電話やLINEで相談できます。

術後は、脂肪注入法、シリコンの場合は1週間後に抜糸に来ていただき、その後、通常は手術後1カ月検診があります。さらにその後は、3カ月検診、半年検診をお勧めします。詳しくはP59の表をご覧ください。

また当院では手術をされた方には、緊急電話の番号をお伝えしますので、困ったことが生じた際はいつでもお電話ください。

また、当院のLINEに登録していただくと便利です。手術後の状況を撮影して、そのまま写真を送っていただければ、医師が写真を見て診断やアドバイスをします。

電話やLINEで相談した結果、たとえ深夜であっても、処置が必要な際はクリニックで責任をもって緊急対応します。

アフターケアの目安

脂肪注入	1週間後に1回と手術後1カ月は必須。その後も手術後3カ月、6カ月といった具合に通院していただくことをお勧めしています
ヒアルロン酸	1週間後に1回通院することをお勧めします
シリコンバッグ	手術翌日、手術後1週間は必須。マッサージが必要な場合は、個別にお伝えします。マッサージがない場合でも、1カ月後、3カ月後、半年後の通院をお勧めしています

Q 彼氏にバレたくないのですが、バレないように豊胸できますか？見た目はもちろん、触ったときの感触でバレないか心配です。

A 大丈夫です。バレないための方法はいろいろあります。

見た目でバレない

「豊胸をしたいけれど人にバレたくない！」という方は非常に多くいらっしゃいます。バレないというのはこの方がご要望のように、まず「見た目」でバレないというのと、「触って」バレないという2点があります。

まず「見た目」からいきましょう。一気に大きくするとバレやすくなります。脂肪注入であれば何回かに分けて少しずつ行う、シリコンバッグであればあまり大きなものを入れないことです。

当院には「バレない豊胸」というメニューを用意しています。P86で紹介するので詳しくはそちらをご覧ください。

触られてもバレない

触ったときにバレるかどうかということですが、脂肪注入であれば、触ってもまずわかりません。

ヒアルロン酸の場合は入れ方によります。豊胸に使用するヒアルロン酸は、顔のシワに入れるものよりも少し硬いので、大量に注入したり、浅い部分に入れてしまうとバレてしまう可能性があります。適量をまんべんなく入れればバレにくいです。

シリコンの場合は、どのぐらいの大きさのものを入れるかによります。元の胸の大きさに対して少し小さめのものを入れれば、触ってもバレにくいです。

もともと皮下脂肪がわりとある方は、大きめなものを入れてもバレにくいです。

問題は、痩せている方が元の胸の大きさに対して大きめのバッグを入れた場合です。触ったときにシリコンが入っているのがわかってしまう可能性があります。

シリコンはやはりちょっと硬めというか、やはり本来の胸の触り心地とは違います。バレたくないのであれば、あまり大きなものを入れないことが肝心です。

あるいは、最近は柔らかい素材のシリコンも出ているので、そういうものを使うことでバレにくくはなります。

仰向けで寝てもバレない

シリコンの場合は仰向けに寝たときに、バストが不自然に盛り上がってしまうという問題があります。

通常仰向けに寝ると、バストは左右に流れて平たくなるものですが、シリコンを入れた胸はポンと上を向いたままの形を保っています。

それも入れるときに少し多めにはがして、ポケットを広めに作っておく工夫をすることで、寝たときに胸が流れやすくなります。

また最近では仰向けに寝ると広がって平たくなるけれど、起き上がると重力の力で中のシリコンゲルが下の方に移動して胸の形になるというシリコンがあり、こういうものを使えばバレにくくなります。詳しくはP130で述べます。

COLUMN

バレない豊胸のコツ

◆脂肪注入は何回かに分け少しずつ行う
◆ヒアルロン酸は浅い部分を避け、適量をまんべんなく入れる
◆シリコンバッグは体に合ったサイズを入れるのが一番。横になると流れる工夫がされているシリコンも登場！

ドクター丸山のつぶやき 3

私の考案した「バレないための秘策」

シリコンバッグで豊胸した方から、「性行為のときにバレたくない」というご相談を受けることがあります。私は、「恥ずかしがっているふりをしてわきを締めれば、そのせいで胸が盛り上がっているのだなと思ってもらえますから」とアドバイスをしています。あとは「なるべく上を向かないで横向きに寝てればバレません」と言うときもあります。みなさん爆笑しますが、やっぱりバレたくないというのは共通の悩みですから、できる限り患者さんの悩みに寄り添いたいと思うと何かと知恵も浮かびます。とにかく、バレないための方法はいろいろありますから、遠慮しないで相談してください。

Q 手術時間はどのぐらいですか？仕事は休まないといけないでしょうか？

A 脂肪注入で45〜60分、シリコンバッグ挿入45〜60分、ヒアルロン酸注入は15分です。特に力仕事でなければ休まなくても大丈夫です。

手術時間は、最大で60分程度

脂肪注入法は脂肪の吸引も入れて全部で最大で60分ほどをみてもらいますが、実際には30〜40分で完了することが多いです。脂肪吸引に10〜15分ほど、注入20〜30分ほどです。私の感覚として、脂肪の場合は吸引した脂肪をなるべくフレッシュなうちに注入するほうが定着率がいいと思うので、なるべくスピーディに行うよう心がけています。

シリコンバッグは45〜60分、ヒアルロン酸注入は15分で終了します。

どの方法も術後はダウンタイムとして、院内で30分から1時間ほど休んでからお帰りいただくことになります。入院の必要はなく、すべて日帰り手術です。

脂肪注入、ヒアルロン酸の場合は翌日から仕事をするのも可能

脂肪注入、ヒアルロン酸の場合、特に力仕事でなければ休まずに翌日から仕事に行くことも可能です。実際に多くの患者さんが、そうされています。

当院は銀座にあるのですが、オフィスが近くにある方などは、昼休みに来院して脂肪注入法を行い、そのまま仕事に戻る方もいらっしゃいます。ある営業職の患者さんは、時間を調整して仕事の合間に手術をされ、そのまま営業に戻られました。

当院は手術時間が短くダウンタイムが少ないため、このようなことが可能です。

力仕事、動きの多い仕事の場合

動きの多い立ち仕事の場合は、さすがに当日はお休みいただいたほうがいいかもしれません。これまで、看護師、介護士、保育士、給食の調理をされている方などがいらっしゃいましたが、このような職業の方は、当日は休み、翌日から仕事に復帰されています。

ただ、かなり動きの激しい職業の方は、用心のため2～3日ほど休むことをお勧めします。たとえば、水泳のコーチ、ヨガのインストラクター、トラック運転手をされている方などです。

休みがとりにくいという場合は、土日をはさむといいと思います。金曜日か土曜日に手術すれば週明けから出勤することも可能です。

シリコンバッグ挿入の場合は2～3日は休む

シリコンの場合は、当日を含めて2～3日は休んでいただくのがいいと思います。シリコンを挿入した場合は、翌日の傷の様子を見るために来院してもらっているので、そのための時間を調整していただきたいのです。翌日どうしても休めないという場合は、仕事の帰りに来院されても結構です。

とはいえ、術後の回復度は人によって違いがあります。少しでもつらいというときは無理をしないで休んでください。

PART

2

バレない「脂肪注入」の不安と疑問に答えます

Q 脂肪注入術とはどんな方法ですか?

A ご自身の脂肪を胸に注入することでバストアップさせる方法です。非常に自然な仕上がりで、効果は半永久的に続きます。

大人気の脂肪注入術

脂肪注入術は当院では症例数が最も多い、人気ナンバーワンの豊胸術です。当院で豊胸を希望される方の9割以上が脂肪注入法です。

自分の脂肪を使うため、アレルギーなどの心配がありません。また仕上がりが非常に自然です。もちろん効果は半永久的に続きます。

また、脂肪は痩せたい部分から取れば、お腹、太もも、お尻などの部分痩せができます。豊胸ができて部分痩せもできる、一石二鳥の方法です。

脂肪を吸引→注入の手順で、精巧かつ素早く進める

では、脂肪注入術の具体的な流れをお伝えしましょう。

まず脂肪吸引を行います。ほとんどの方は静脈麻酔で眠っている間に行います（ご希望により局所麻酔でも可能です）。

脂肪吸引はごく細いカニューレ（管）を使って行います。目立たない部位を選んで管を刺します。チューメセント液という特殊な局所麻酔液を先に注入し、麻酔が行き渡ったら、脂肪吸引を開始します。

「バレない豊胸」（P86参照）の場合、片方の胸につき150㎖から200㎖の脂肪を注入するので、たとえば右の太もも外側から200㎖、左の太もも外側から200㎖というように脂肪を採取してきます。

採取した脂肪は不純物を除去した上で乳房に注入します。

注入は、わきの下のシワの中から2㎜くらいの管を刺して、皮下、大胸筋内、大胸筋下、乳腺周囲にくまなく丁寧に入れていきます。

その後、注入した傷を糸で縫合して終了です。抜糸は1週間後に行います。

P64で述べたように、吸引から注入の完了まで45〜60分程度です。当院では手術時間が短いことが特徴です。手術時間が短いことで患者さんの負担も少なくできます。

「痩せる美乳豊胸」とは

当院では脂肪注入法において多くの実績を持っています。高い技術で、同じ脂肪の量であってもより大きく、美しいバストを作りあげます。さらに、バストのデザインを考慮した脂肪吸引を行い、採取する脂肪の量以上の効果を出します。

当院ではこれを「痩せる美乳豊胸」（バレない豊胸）とうたっていて、施術回数2500例以上を経験しています。

脂肪注入術はこんなメリットがある！

- 仕上がりが自然
- 部分痩せも叶う
- はじめての人も安心して受けられる
- まわりにバレにくい
- 体への負担が少ない
- 自分の脂肪を使うからアレルギー反応がない
- 手術直後からほぼ普通の生活ができる

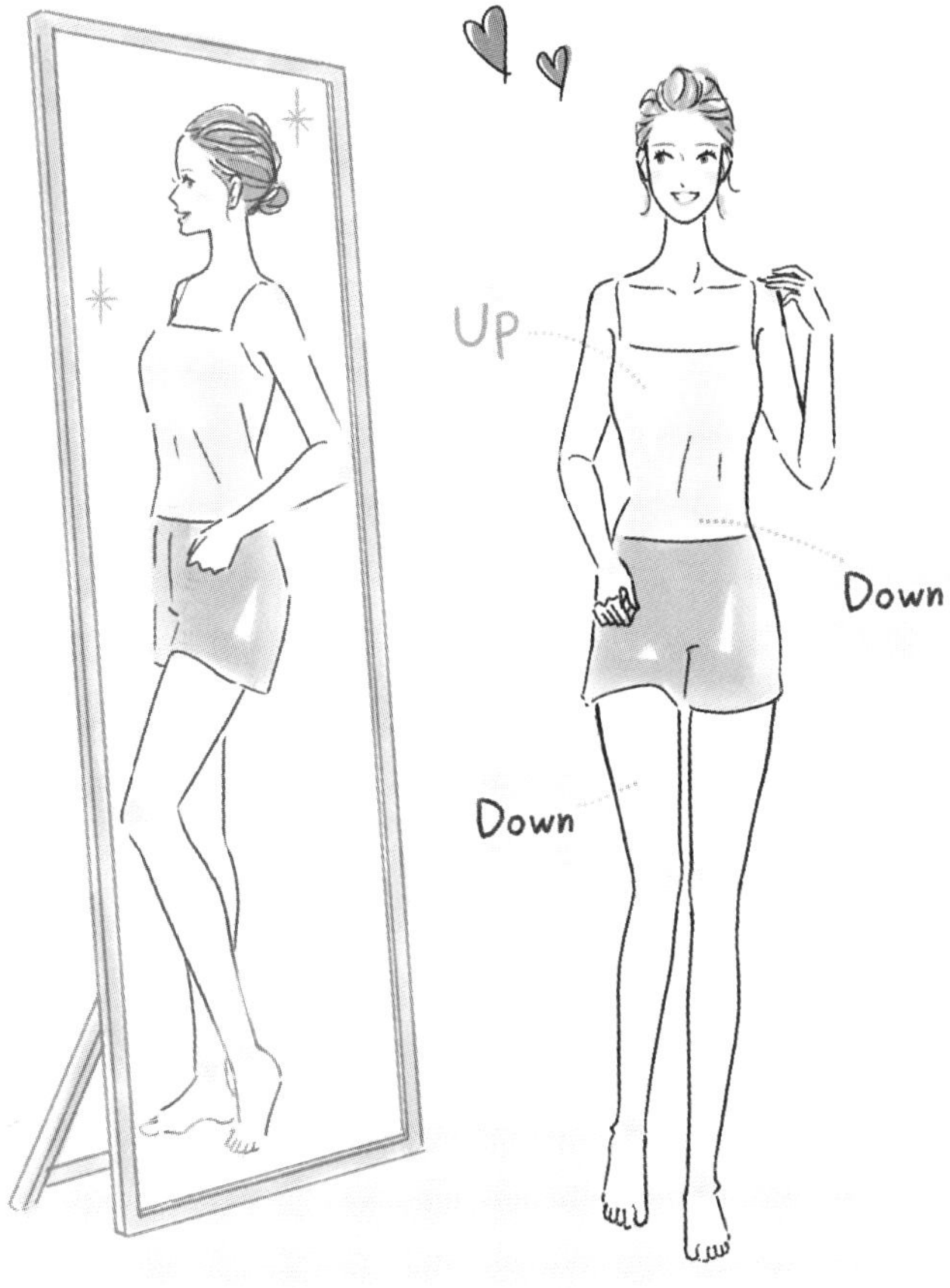
Up
Down
Down

Q バストに注入した脂肪はそのまま定着しますか？体に吸収されたりはしないのでしょうか？

A 脂肪注入は「一生もの」の豊胸です。一度定着した脂肪はその場所の組織として維持されます。

「注入した脂肪は体に吸収されてしまうのではないか」と心配される方は非常に多いのですが、その心配はありません。

注入した脂肪は一度定着すれば、一生自分の胸の脂肪として維持されます。ただし、吸引した脂肪のうち、物理的なダメージを受けているものは体に定着しにくく、術後に一部は体に吸収されます。

脂肪の吸収は、一般的には術後「3カ月間」に起こるとされています。ですが、当院の場合は経験的にいって、術後1カ月ほどが目安です。1カ月過ぎれば、そのサイズから極端に小さくなることはないと考えていただいて結構です。

最終的な仕上がりは、豊胸した直後の状態からは小さくなります。また術後は多少

なりとも腫れもあるので、それが引くのもあいまってボリュームダウンして見えます。

ではそれはどのぐらいかというと、当院においてはだいたい入れた直後から1週間を１００％とすると、完成時の見た目として80%ぐらいのボリュームになると考えて差し支えありません。術後の仕上がりについてはＰ85のコラムも参照してください。

いずれにせよ、カウンセリングの時点で、最終的にどのような仕上がりになるか、サイズ感を伝えますから、そのイメージで判断していただければと思います。

Q ダイエットをしたらせっかく注入した脂肪が落ちてしまうことはありませんか？

A 通常のダイエットぐらいでは脂肪は落ちません。

豊胸後にダイエットすると、せっかく注入した脂肪が落ちてしまうのではないかと心配される方もいらっしゃいます。

まずダイエットをすれば当然ですが、皮下脂肪は落ちます。しかし脂肪にも「落ちやすいもの」と「落ちにくいもの」があるのをご存知でしょうか。

ダイエットをされた方は経験があるかもしれませんが、頑張って痩せても、腰回りや太ももの脂肪はなかなか落ちにくいということはありませんか？

この部分の脂肪はＬＦＤ（localized fat deposit）といって、体の深い層にあり、血管が少ないため、「代謝しにくい＝落ちにくい」のです。

都合のいいことに、太ももやお尻など脂肪を吸引するところはＬＦＤの多い部分

落ちにくい脂肪「LFD（深層脂肪）」

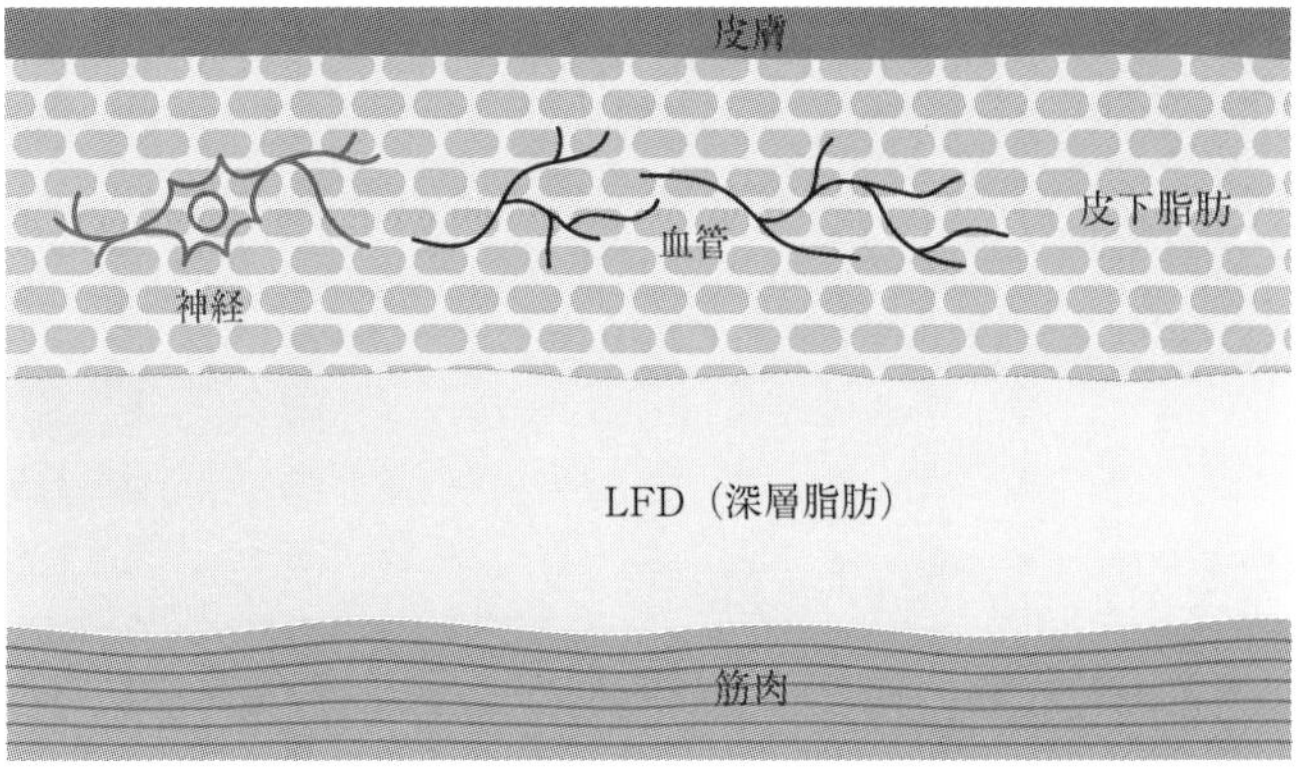

です。ＬＦＤを吸引し、胸に入れることで、ダイエットをしてもボリュームダウンしないバストを作ることができます。

もちろん、落ちにくい脂肪といっても、急激に大幅に痩せれば落ちてしまいます。そもそも無理なダイエットは胸のボリュームダウンという以前の問題として、体によくありませんから気を付けてください。

Q 脂肪を吸引する場所はどこですか？自分の希望を出せますか？

A 太もも、お腹、お尻の下などが多いです。もちろん希望はお伺いします。

脂肪は気になる箇所から吸引できる

脂肪注入術では、ご自身の脂肪を採取するため、「部分痩せ」ができるという大きなメリットがあります。吸引する場所は太もも、お腹、お尻の下などが多いです。背中や二の腕からも可能です。

いずれにしても事前に希望をお伺いして吸引箇所を決めます。どこからでも吸引可能ですが、人によって適・不適がありますからカウンセリングで相談してください。

定着率でいうと、前項で述べたＬＦＤが多い、太ももの外側の脂肪がよいという意見もありますが、近年ではお腹でも太ももでも定着率に大きな差はないという学会発表もあります。私は質の良い脂肪が取れる場所であれば、お腹でも太ももでもお尻で

脂肪を吸引する箇所

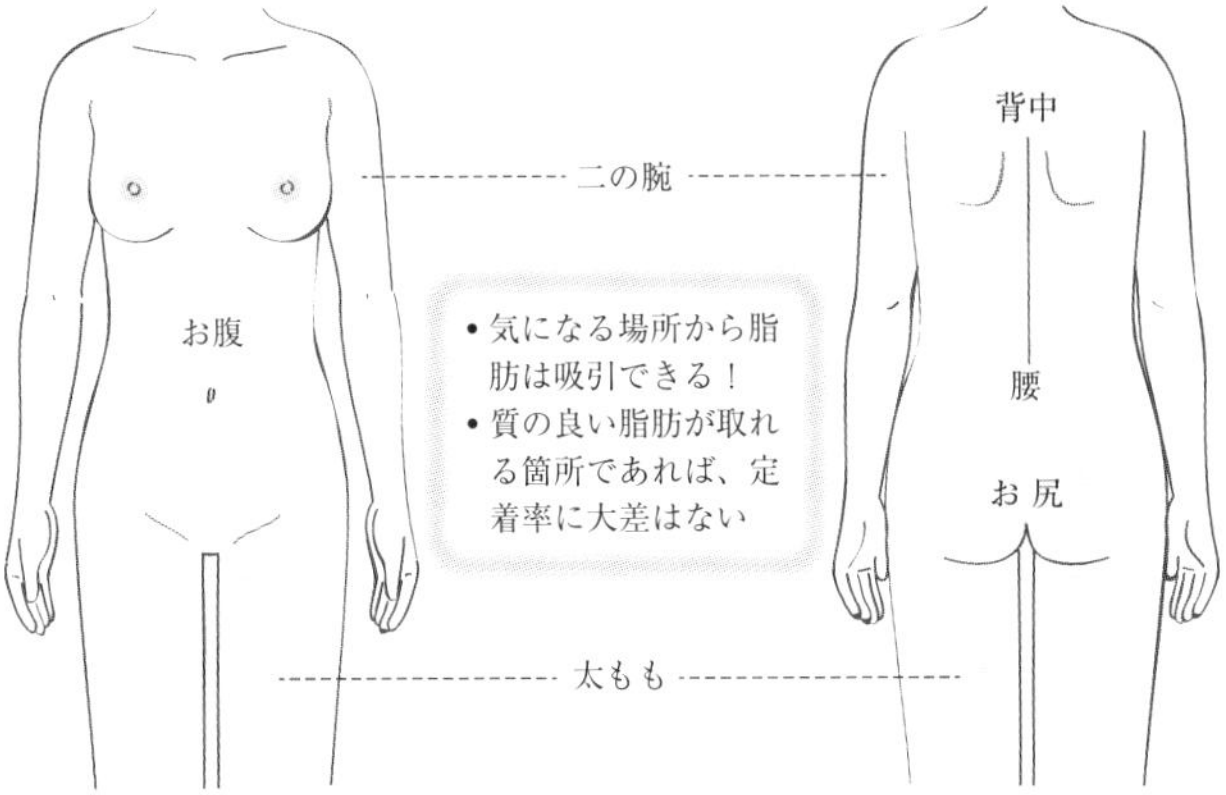

- 気になる場所から脂肪は吸引できる！
- 質の良い脂肪が取れる箇所であれば、定着率に大差はない

も定着率に大差はないと思っています。質の良い脂肪とは、皮膚の上からしっかりつかめる、プリプリとしたボリュームのある部位の脂肪と考えていただいて結構です。

部分痩せも技術力で、よりシェイプして見せる

当院では脂肪を採取する際も、ただ吸引するだけでなく、デザインを考えて、より細く見えるよう工夫します。たとえば太ももの外の部分から取る場合、外側の出っ張りだけでなく、お尻の下の部分からも補助的に吸引します。するとお尻の位置が高くなったように見え、脚長効果、小尻、ヒップアップ効果が得られるのです。

Q 注入した脂肪の定着率を上げるための施術のコツはありますか？

A 当院では3つの工夫をしています。

施術の際の技術がものをいう

定着率を上げるためには質の良い脂肪を採取することが大事だと述べましたが、それだけではなく、施術する際の技術も大きく問われます。ポイントは次の3点です。

①できるだけ脂肪にダメージを与えない
②塊で入れずに分散させて入れる
③一度にたくさんの脂肪を入れない

それぞれに説明していきましょう。

①できるだけ脂肪にダメージを与えない

吸引する際に脂肪組織にダメージを与えてしまうと、その脂肪は胸に注入しても定着しにくくなってしまいます。ですから吸引の技術は非常に重要です。

当院の場合は「シリンジ法」という方法を採用しています。これは機械を使わず、注射器でやさしく丁寧に脂肪を吸い出す方法です。シリンジの使い方にも絶妙な技術があります。麻酔液を注入してから脂肪を吸引するのですが、麻酔液を脂肪層にまんべんなく行き渡らせることにより脂肪がほぐれて、良い状態で採取できます。手術のすばやさも大事です。経験的にできるだけ新鮮な脂肪のほうが定着率は高いと感じています。

機械を使う方法は圧が高すぎて、採取した細胞組織にダメージを与えてしまうリスクが高いので当院では豊胸には行っていません。

またP82で述べる「コンデンスリッチ豊胸術」を使うことで、さらに定着率が上がります。

②塊で入れずに分散させて入れる

脂肪の注入時に塊で入れてしまうと、しこりになりやすくなります。皮膚や筋肉の中や下など、いろいろなところに分散させて細かく丁寧に入れていく必要があります。

注入のための機械もありますが、当院の場合は注射器を使って手作業で入れています。機械で入れると一定の量を注入できるのでそこそこの仕上がりになるのですが、当院は手作業でさらに細かく入れるので、しこりになりにくいのです。〝職人の技〟と言うべきこの技術に自信を持っています。

入れるときのデザインにもこだわりがあります。最初に脂肪を線で入れて、それを重ねて面にし、面をさらに盛り上げて立体にするようなイメージで、少しずつ様子を見ながら形の良いバストを作っていきます。ちょうど、3Dプリンターで立体のバストを作るような感じです。

③一度にたくさんの脂肪を入れない

②にもつながりますが、一度にたくさんの量を入れてしまうと、しこりになりやすくなります。このため脂肪注入による豊胸術は、1回で最大1カップのサイズアップが目安となります。
たくさん脂肪を取って、たくさん入れて2カップ以上アップさせればいいじゃない

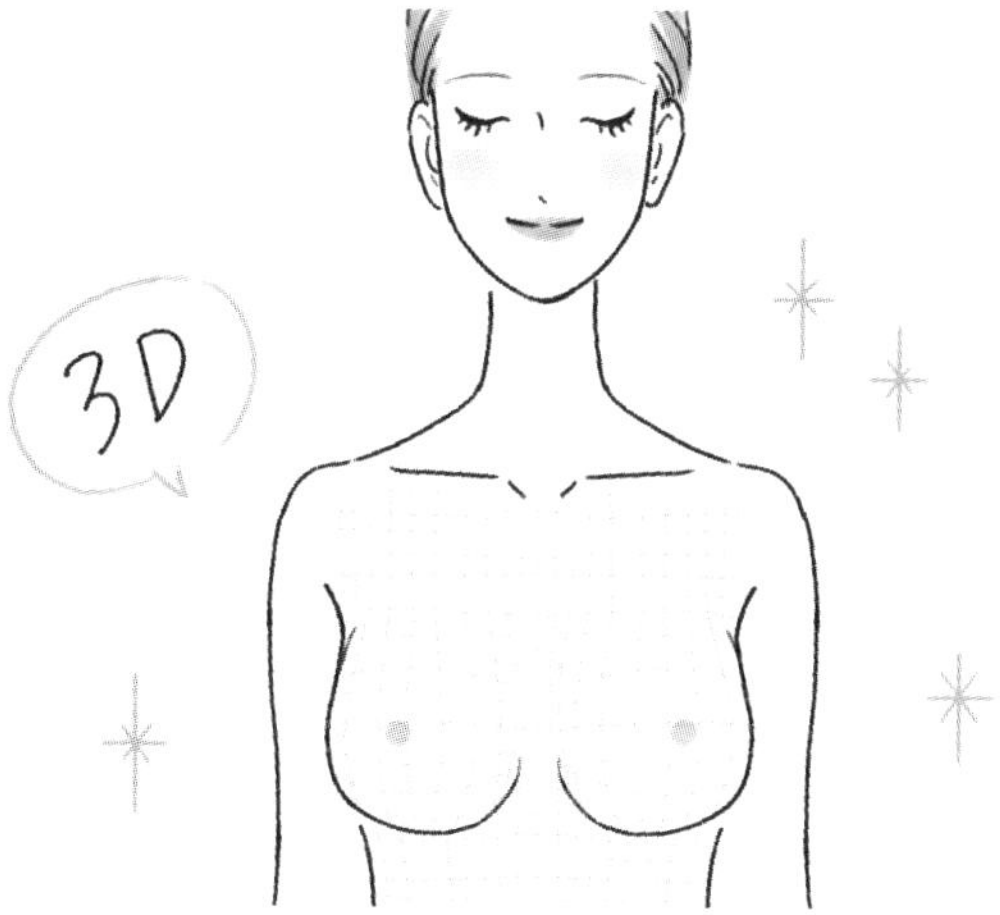

かと思うかもしれませんが、一度にたくさん入れてしまうのはNGなのです。一度やってみて、もう少し大きくしたいということならば、2カ月ほど期間をあけて2回目を行うことをお勧めします。

なお、2回目のほうが脂肪は定着しやすい傾向にあります。これは皮膚が伸びて、新しい脂肪を受け入れるキャパシティが上がるためです。

Q 「コンデンスリッチ豊胸」「PRP豊胸」とはどんな方法ですか？通常の豊胸よりも効果が高いのですか？

A 脂肪注入の定着率をより高める方法です。

「コンデンスリッチ豊胸」とは？

脂肪注入法では入れた脂肪がどのぐらい定着するか、生着率が大きな問題となります。この脂肪の定着率を上げるために開発されたのが「コンデンスリッチ豊胸（CRF）」です。

コンデンスリッチ豊胸は、吸引した脂肪を加重遠心分離という方法で、注入に用いるための「純粋な脂肪」の部分と、そうでない部分（不純物）に分けます。不純物とは注入には用いたくない破壊された細胞膜、細胞間や脂肪組織間の繊維成分、血球成分（血液）、活きの悪い細胞や死活細胞などです。これらは脂肪の定着を妨げ、しこりの原因にもなりうるものです。

不純物を取り除いて濃縮した脂肪は、通常の脂肪よりも生着率が20％アップすると

コンデンスリッチ豊胸

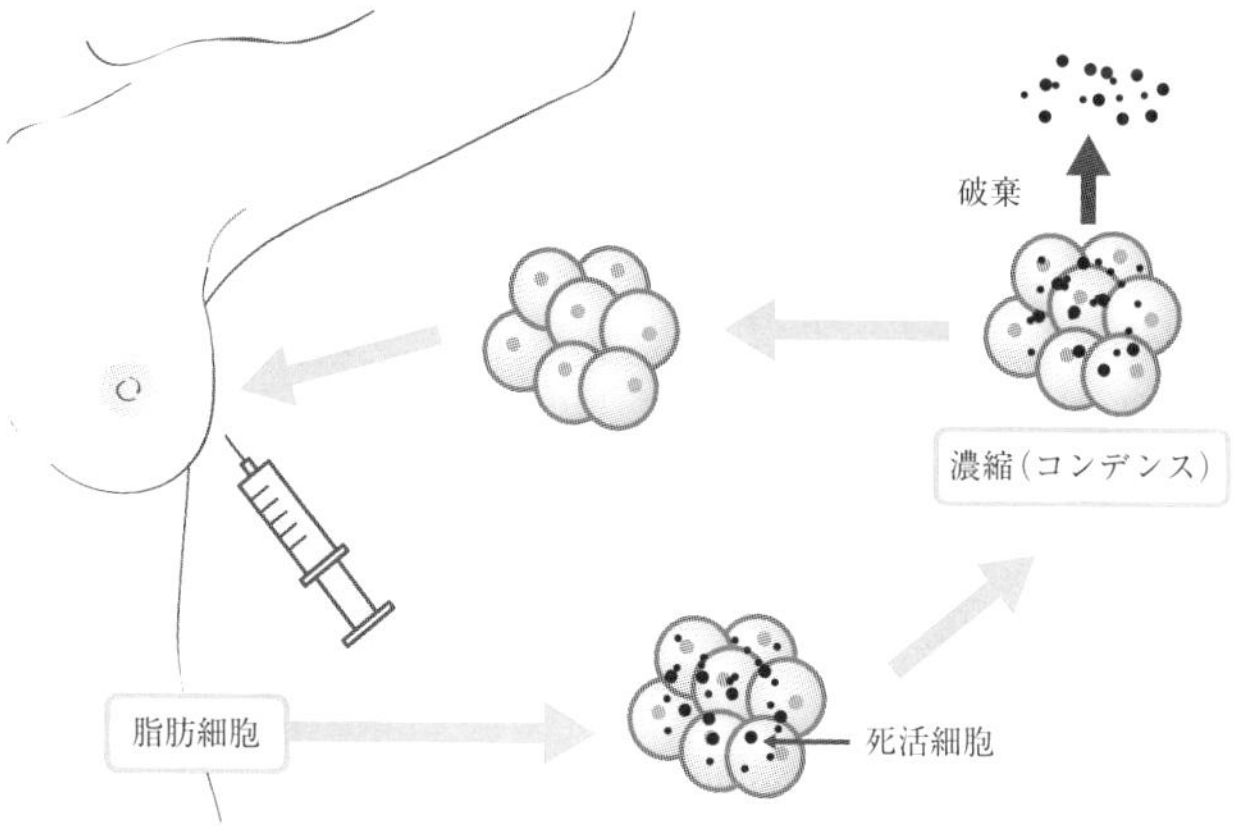

いわれています。これには論文もあって学術的にも証明されています。特に脂肪の定着率が下がってくる40代以上の方は検討されてもいいと思います。

バレない豊胸にこのコンデンスリッチ豊胸を組み合わせた「コンデンスリッチ×バレない豊胸」も可能です。

デメリットとしては通常の脂肪吸引より1・5倍の脂肪を採取しなければならないことです。また料金も通常より上がります。

「PRP豊胸」とは？

PRPとは多血小板血漿（Platelet Rich Plasa）の略です。このPRPを注入する脂肪に加えて脂肪豊胸をする施術のことを

PRP豊胸

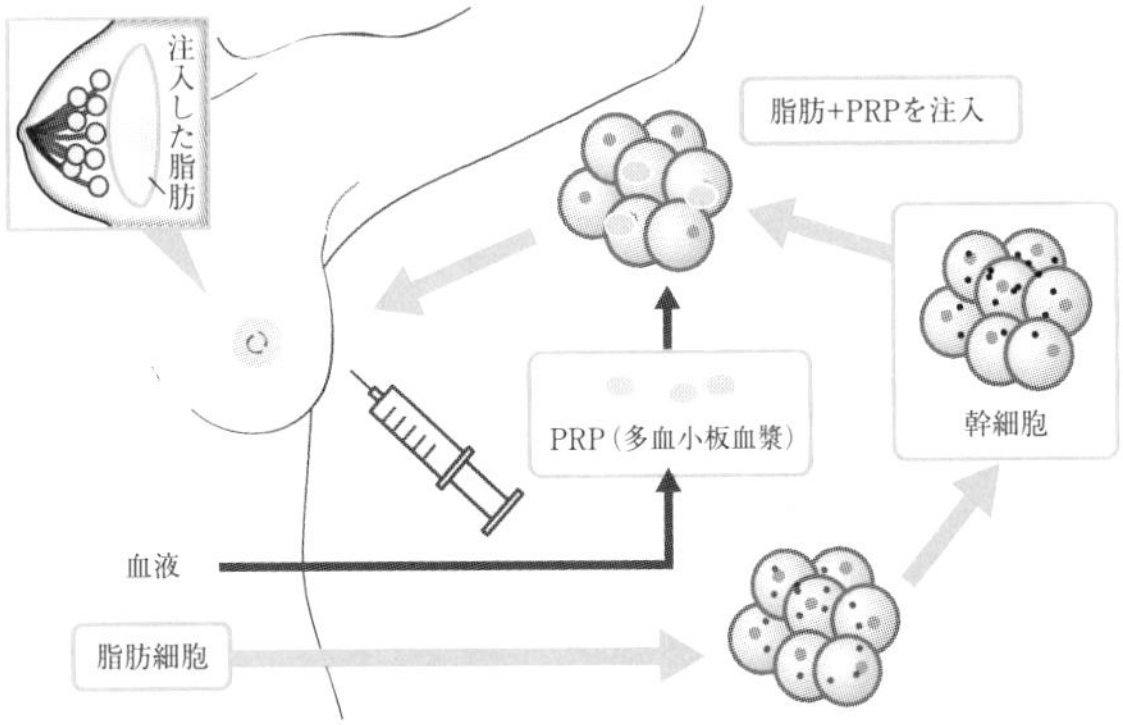

「PRP豊胸」といいます。

多血小板血漿（PRP）の中には、多くの血小板が含まれています。血小板は傷を治すときに働く細胞ですが、脂肪に混ぜることで通常の状態よりも多くの増殖因子を分泌することができます。その結果、注入した脂肪細胞に血管が入りやすくなり定着率が向上するのです。なお、PRPは血液から採取します。

PRP豊胸もコンデンスリッチ豊胸と同じ、約2割程度の定着率アップが見込めます。1回で1カップ以上のサイズアップも可能です。

コンデンスリッチ豊胸では注入する脂肪の1・5倍の脂肪を採取する必要があると

述べましたが、ＰＲＰ豊胸はその必要がありません。ですから痩せていて脂肪が取りにくい方にも適しています。

COLUMN

ドクター丸山のつぶやき 4

定着率や吸収はあまり大きな問題ではない

Ｐ73では術後のボリュームを100％としたら、最終的な仕上がりはだいたい80％と述べていますが、これはあくまで「見た目」の問題です。脂肪の定着率だけでいえば、50％程度です（コンデンスリッチ、ＰＲＰを利用すると70％ぐらいに上がります）。だからといって、見た目の大きさが半分になってしまうわけではなく、80％を維持することができるのです。ちょっと混乱しそうですね。

これはＰ53でも述べたように「形」なのです。デコルテを盛ったり、谷間をくっきり作ったりして形をきれいにデザインすることによって、実際の大きさよりもボリュームアップして見せることができるからです。ですから定着率とか、吸収が起こって小さくなることをあまり心配しなくてもいいと思います。

QA

「バレない豊胸」ってどんな方法ですか？

少量の脂肪で段階的に胸を大きくしていくオリジナルの方法です。周囲や家族に非常にバレにくい方法として大人気となっています。

こっそり、自然なサイズアップが叶う

「バレない豊胸」は当院独自の技術で、少量の脂肪を採取して注入することで体への負担を最小限に抑え、無理なくバストアップさせる方法です。

一回にたくさん注入するのではなく、最適な量の脂肪を採取して注入することで、しこりを作らず、自然な仕上がりになります。必要な分の脂肪を吸引するだけなので、ダウンタイムは最小にすることができます。

またコンデンスリッチ豊胸を用いることにより、脂肪の定着率を高め、より効率よく豊胸することも可能です。

そして、なんといっても当院のバレない豊胸は価格がリーズナブルなことも大きな

魅力です。無理のない価格設定にしているので、気軽に2回目、3回目を受けていただくことができます。実際のカップ数も1カップ以上大きくしたい場合は、2カ月以上あければ安全に手術が可能です。2カ月に1回くらいのペースで少量ずつ目標の大きさまでアップさせる方もいらっしゃいます。

段階的にバストアップしていくことで、周囲にバレにくくなります。実際に同僚や家族はもちろん、彼氏にもバレなかったという方は非常に多いです。旦那さんが出張した1週間の隙に行ったけれど、バレなかったという方もいらっしゃいました。

「バレない豊胸術」ではどのぐらいサイズアップできる？

バレない豊胸では、1回で片胸に150から200ccずつ脂肪を注入します。一般的に100ccで1カップといわれますから、吸収された後で1回に0・5から1カップのバストアップをします。ごくまれに1回で2カップのバストアップする方がいらっしゃいますが、通常は誤差も含めて、バレない豊胸1回では0・5から1カップアップすると思っていただければ間違いありません。

0・5カップアップのイメージというと、パット付きでちょうどよい下着がパットを抜いてちょうどよくなるという感じです。ですから2カップ上げたいという場合は、何度か繰り返すことになります。少しずつ胸を育てていくようなイメージです。

何度か繰り返すうちにバストアップするのはもちろんですが、体のいろんな場所が痩せていくというメリットも得られます。

実際のカップよりも見た目が大きく見える美乳マジック

何度も言いますが、大切なのは、「カップ数」よりも「形」。当院の脂肪豊胸は、「乳房の形がきれいに整う」ので、実際のカップ数よりも大きく見えるのが特徴です。実際はBカップでもCカップ、Dカップに見えてしまうのです。

ですから最初は「2カップぐらい上げたい」と希望されている方でも、1回の豊胸術で満足されてしまうケースが往々にしてあります。

バレない豊胸を3回施術したケース

BEFORE

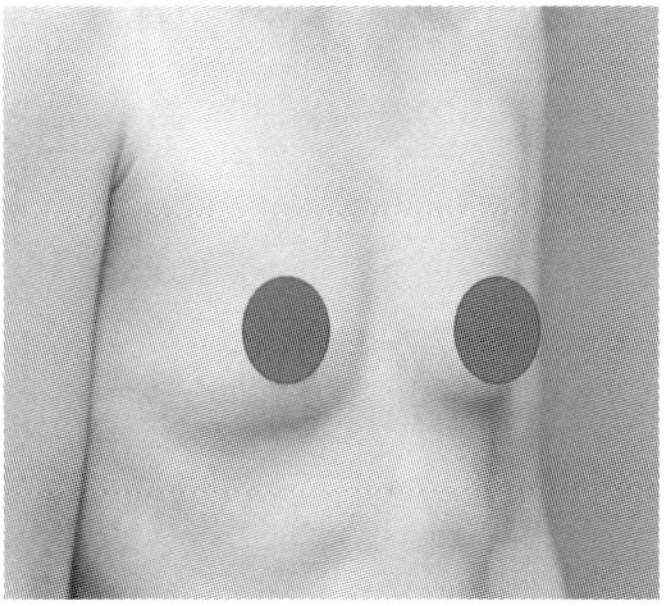

ここから3回に分けて胸を育てていく

AFTER

1回目 3カ月後

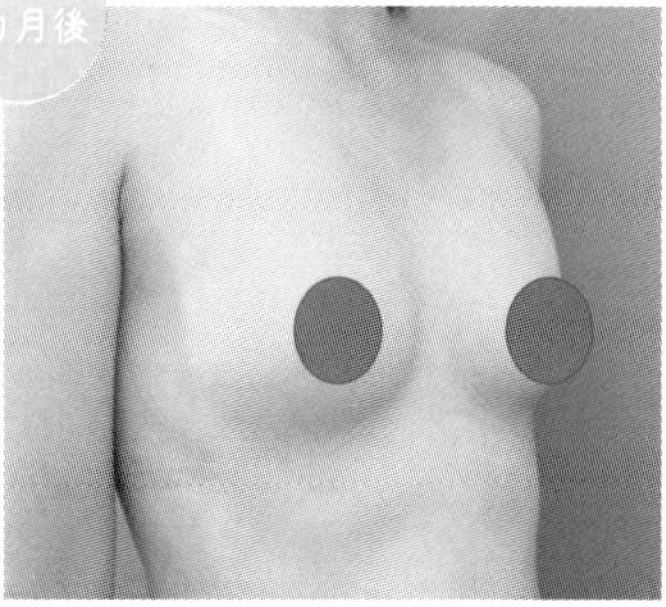

全体的にボリュームアップ。ハリも出てきた

AFTER

2回目 1カ月後

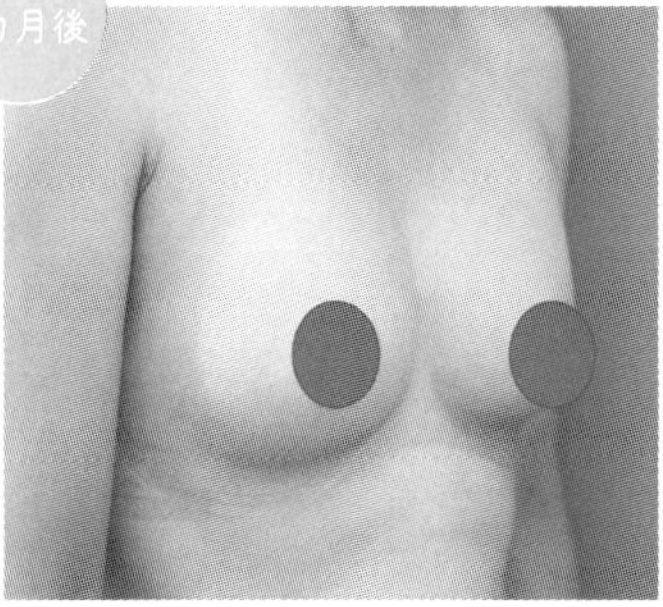

わき乳にもボリュームを持たせ、ふっくらとしたバストに

AFTER

3回目 1カ月後

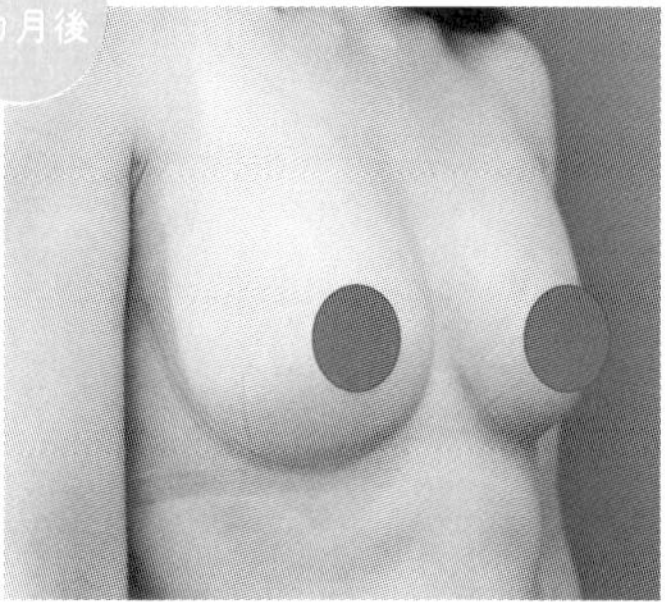

さらにボリュームアップ。自然で美しいバストに仕上がった

Q バレない豊胸術のメリット・デメリットを教えてください。

A 自然で体に優しいというメリットがある反面、1回の施術では極端には大きくならないというデメリットがあります。

バレない豊胸は、メリットのほうがデメリットを上回るため、非常に人気の高いメニューです。私ももし自分が女性で、豊胸を受けるとしたらこの方法を選択します。なにより、体力的にも経済的にも無理なく自分のペースで豊胸を行えることが利点ではないでしょうか。

手術と手術の間隔は最短2カ月あければ問題ありません。

メリットとデメリットをそれぞれ挙げてみましたので、ぜひ、比べてください。

バレない豊胸のメリット

1 少しずつ大きくなるから周りにバレにくい
2 少量の脂肪吸引だから体が楽
3 注入する胸にも負担が少なくしこりになりにくい
4 少量の分散注入なので脂肪壊死やそれに伴う感染が少ない
5 短時間の手術で豊胸できるので他の方法に比べて値段設定が低い

バレない豊胸のデメリット

1 1回で一気に大きくできない(0・5から1カップ)
2 大きさを求める場合は、何回か手術しないといけない
3 ダウンタイムを何度か経験する

*メリットがデメリットを上回るので、当院では圧倒的人気のメニューとなっています。

Q 脂肪注入による豊胸をしたいのですが、私はガリガリに痩せているので脂肪が採れないんじゃないかと心配です。

A 当院では痩せていて他院で断られたような方も脂肪吸引・注入ができます。

脂肪注入法では、まず注入する脂肪を体の部位から吸引してきます。だから一般的にかなり痩せている方は脂肪の採取ができないといわれます。

しかし当院では、かなり痩せている方でも脂肪吸引が可能です。脂肪吸引において高い技術を有していると自負しています。事実、当院で痩せていることだけを理由にお断りしたケースは今のところありません。

どんな方でも必ず脂肪はあります。痩せている方は一カ所からではなく、複数の箇所から取るなど工夫すれば大丈夫です。

過去にはボディビルダーとして活躍する女性を施術したことがあります。大会に出る前にバストを盛っておきたいということでした。この方はボディビルダーというだ

けあって体脂肪率が4〜5%ほどしかありませんでしたが、数カ所から脂肪を取って入れました。ちゃんとふっくらバストに仕上がって、とても喜ばれました。

ほかにもBMI14という方もいらっしゃいました。モデルさんみたいに細い方でしたが、この方もちゃんと脂肪が吸引できました。

他院で「痩せているからできない」と断られた方も、あきらめずにカウンセリングにお越しいただければと思います。

Q 脂肪を吸引した跡は残りますか？

A 5㎜程度の跡が残りますが、目立たない場所を慎重に選びます。

傷跡が目立たないように細心の注意を払う

吸引するときにはカニューレ（管）を差し込みますから、差し口に5㎜程度の穴を開けます。この傷は1年ほどで赤茶色からだんだん肌色になって目立たなくなります。当院では吸引の管を刺す部位を非常に慎重にしており、できるだけ目立たない場所を選んでいます。たとえば太ももだったらお尻の下のシワの中、割れ目、鼠蹊部であればなるべく内側に近いところなど、ぱっと見にはわからない場所、隠れてしまう場所にしています。ニキビ跡や肉割れの跡がある方もいるので、そういう場所を選ぶこともあります。そのようにしたら新しい傷を増やさずに済みますよね。

「目立たせない」ために日々、技術革新

さらに最近では新しい技術として、陰毛に隠れてしまう部分から管を刺して、そこ

から脚のほうまでカニューレを伸ばす方法を開発しました。それも左右同じ場所に刺すのではなくちょっとずらしてアシンメトリーにしたり、一カ所にするなどの工夫もしています。そうすればニキビ跡か虫刺され跡などのように自然に見えます。

陰毛のない人もいるので、その場合はクリトリスの付け根のすぐ横から吸引することもあります。さらにお腹を吸引するときは、おへその中から管を刺すこともあります。おへその中ですから、跡はまったくわかりません。

COLUMN

ドクター丸山のつぶやき 5

ありえない傷跡

これは残念なことに私が実際に聞いた話です。お腹の真ん中の目立つ場所をあえて切開して「腹腔鏡手術の跡に見せかければいい」とうそぶく先生がいました。美容外科は医療であり、その中でも美しくなることに特化した分野です。患者さんの思いに反し、目立つ場所をあえて切開するなど、とんでもないことです。そんなところに傷をつけられそうになったら、すぐに逃げ出しましょう。

Q 脂肪注入による豊胸でしこりができてしまう可能性はありますか？

A 注入が適切でないとしこりになる場合があります。

脂肪注入で豊胸をすると、前述のように50％が生着して、残りの50％が吸収されるといわれています。その吸収が上手にできないと、残念ながらしこりの原因になります。

注入した脂肪には、こわれた細胞や水分、および吸引に使用した麻酔液などが含まれますが、これらが多くあると栄養素や酸素の流れが滞りがちとなります。その結果、しこりにつながり、場合によっては大きな石灰化を引き起こすことがあるのです。

実は脂肪注入法におけるしこりは、医師の手術手技に問題がある場合に起こることがほとんどです。これを防ぐためには注入方法や注入場所、注入量がとても大切です。

当院では脂肪を5層（皮下、乳腺下、大胸筋肉、大胸筋下、前鋸筋上）に分けて注入を行うことで、「しこり発生リスク」を下げています。

また注入の方法も皮下、乳腺下など、さまざまな層にまんべんなく行き渡らせることで、脂肪が塊で注入されてしまうことを防止しています。

一度に注入する量も注意が必要です。多すぎる量を無理に入れるのは、しこりの原因となります。「無理のない脂肪量を分散して入れる」という原則を徹底して守ることで、しこりのリスクや合併症の発生率を極力抑えることができます。

しこりを作らない3カ条

1 1回に多くの量を入れない
2 塊で入れず、少しずつ丁寧に注入する
3 注入する箇所にまんべんなく行き渡らせる

Q 「脂肪由来幹細胞注入法」とはどんな方法ですか?

A ご自身の脂肪から取り出した「幹細胞」を混ぜて脂肪注入をする豊胸術で、脂肪の定着率が大幅にアップします。

「脂肪由来幹細胞」のすごい働き

脂肪由来幹細胞とは従来の脂肪注入法、またはコンデンスリッチ豊胸に「脂肪由来幹細胞」を加えて脂肪を注入する方法です。

脂肪幹細胞とはさまざまな脂肪に分化(変化)する機能を持つ細胞です。血管の新生を促す作用もあり、脂肪細胞の定着を助けてくれます。

もともと脂肪の中には幹細胞が含まれているのですが、吸引した脂肪には数が少なく、また十分な働きができないとされています。

そこで吸引した脂肪に脂肪由来幹細胞を添加することで、幹細胞の働きを活性化することができるのです。

この方法は近年では乳がんの再建手術にも採用されています。

また、「再生医療等安全性確保法」の対象となるため、厚労省に申請を行う必要があります。当院は２０２１年1月に厚労省の認定を取得しています。

「脂肪由来幹細胞」を使った豊胸術の実際

脂肪由来幹細胞を使った豊胸術の進め方は以下の通りです。

まずお尻や太ももなどやせたい部分から脂肪を20ccほど吸引します。

その細胞を培養するラボに送り培養してもらいます。培養には1カ月半かかります。

第二段階として吸引した脂肪に培養した脂肪由来幹細胞を1億個混ぜて、バストに注入します。脂肪を濃縮するコンデンスリッチ豊胸と脂肪由来幹細胞を混ぜる方法で行うこともできます。

当院では、ラボからの出荷時に細胞数をカウントしてもらっていますので、確実に1億個（片胸に５０００万個ずつ）の幹細胞を乳房に注入できます。

Q 他院と比べて脂肪注入術の料金が安いのはなぜですか？

A その理由は、過度な利益を取らない方針のためです。

当院は形成外科専門医として、「医療」を適切な料金で提供することを目的にしています。脂肪豊胸の相場は80万円からと高額ですが、当院の場合は税抜き30万円です（2021年10月現在）。

P24で述べたように、美容外科は自由診療ですから、価格は各クリニックがそれぞれ決めています。このときテレビCMやネットなど莫大な宣伝広告費をかけているクリニックは、当然その分を料金に乗せるため、高い設定になってしまうという事情もあるのだと思います。

当院の場合は、実際に手術を受けた患者さんの紹介や、ネットのレビューを見て来院される方がほとんどで、派手な宣伝をする必要がまったくありません。これも料金を抑えることにつながっています。

さらに、同業医師からの見学が絶えないほどの高い技術力を誇っています。高い精度でスピーディに早く仕上げることもこの価格が実現できている理由のひとつです。

COLUMN

ドクター丸山のつぶやき 6 機器を売りにする医師は信用できない

すでに述べたように脂肪注入法では「定着率」ということが非常に重要な要素となります。そこでカウンセリングのときに「こちらのクリニックでは定着率を上げるためにどんなことをされていますか?」と聞いてみるといいと思います。

そのときに「うちは○○という機器があってそれで吸引するから良い脂肪がたくさん取れる」とか、「×××という機器があってそれを使うと定着率が上がる」などと機器を売りにしてくる先生はちょっと疑問です。いい機器を使っても、それをどう使うか、最後はその医師の技量が問われる世界です。

どういう考えで脂肪吸引を行って、どういう点に気を配って注入をするか、そういうことを説明してくれる先生がいい医師だと私は思います。

Q 定着率を下げないために術後の生活の注意点はありますか？

A なるべく胸を揺らさないことを心がけてください。下着は締め付けないものを着けましょう。

胸を揺らしたり、圧迫したりしない

注入した脂肪が定着するまでの2週間程度は、できるだけ「胸を揺らさない」ように安静に過ごしてください。ゆさゆさ揺らしてしまうと定着を妨げてしまうのです。もちろん普通に歩くぐらいは問題ないのですが、息切れするような激しい運動は避けましょう。寝るときなどはなるべくうつ伏せにならないよう気を付けてください。

締め付けない下着を着用する

下着（ブラ）についてはなるべく圧迫しないものを着用してください。特に術後1週間程度は腫れもありますから、締め付けずゆったりしたもの、たとえばブラトップや緩めのスポーツブラなどもいいと思います。1週間たったら通常の下着に戻してもらって結構ですが、その後も1カ月間程度はなるべく締め付けないものを選んでください。ナイトブラについては、着けたほうがよいと思います。

定着率を下げるタバコは絶対NG!

術後に最も気を付けてほしいことがあります。それは「喫煙」です。術後、最低1カ月は禁煙を実行してほしいと思います。

タバコは血管を収縮させて血流を悪くするので、せっかく入れた脂肪に血液が行き渡って定着しようとするのをジャマしてしまうからです。またしこりの原因にもなります。

喫煙しないと豊胸ができないというわけではなく、手術自体は可能です。しかし、せっかく時間とお金を使って豊胸をしたのに、定着率が落ちたり、しこりのリスクが上がってしまったらショックですよね。逆にそれまで喫煙していても、しっかり禁煙できれば定着率は通常通りとなります。

COLUMN

ドクター丸山のつぶやき

7 タバコは豊胸を台無しにする

当院で行う脂肪豊胸術は、ほぼ最初にお伝えするイメージの仕上がりとなり、みなさんにご満足いただけているのですが、過去に1例だけ「元に戻ってしまった」という残念なケースがありました。

この方は1日40本というヘビースモーカーでした。もちろん術前に禁煙をお願いし、ご本人も了解してくれたので手術をしました。

ところが術後しばらくしてうちに来て「元に戻ってしまった」と言うのです。聞けば禁煙ができなかったそうです。「吸っても大丈夫だろう」と甘く考えていたのかもしれません。

私としても非常に残念で、絶対に禁煙すると固く約束してもらって、特別にやり直しをしました。そうしたら今度はちゃんと定着し、本人も大変喜んでくれました。改めてタバコの害を思い知らされた一件でした。

PART

3

施術が短時間「ヒアルロン酸」の不安と疑問に答えます

この章ではヒアルロン酸注入による豊胸についてご紹介します。とても手軽な方法ですが、デメリットもよく理解した上で受けることをお勧めします。

中江星子

Q ヒアルロン酸豊胸はどんな方法ですか？

A ヒアルロン酸を胸に注入してバストアップさせる方法です。

ヒアルロン酸を注入するだけの手軽なバストアップ法

ヒアルロン酸はもともと人間の体に存在している物質です。細胞と細胞の間に存在して水分を蓄え、ちょうどクッションのような役割をしています。もちろん安全性は問題ありません。

手術は胸にヒアルロン酸を注入するだけ。脂肪注入法と違って吸引が不要なので、ワンステップで完了します。注入はわきの下のシワの部分から入れますので、傷跡が気になることはありません。

手術時間は15分ほどで、術後はすぐに帰宅可能です。術後1週間は強い刺激を与えないようにしてください。

どのぐらい大きくなる？

ヒアルロン酸は1回に50～100cc程度が注入できる量です。しこりを作らないようにするということと、感染のリスクを減らすためには、このぐらいの量が安全です。カップでいえば半カップ～1カップぐらいです。

ヒアルロン酸豊胸はどのぐらい持つのか

ヒアルロン酸は注入後、少しずつ体に吸収されていきます。術後1～3カ月にかけてだんだんと小さくなり、半年以内に手術前の胸のサイズに戻ります。

適量を注入すれば自然な仕上がりになります。胸のサイズに対して、過剰なヒアルロン酸を注入してしまうとしこりの原因となり触感も不自然です。

自然さを求めるならば、1回であまり多くのヒアルロン酸を入れるのではなく、段階的に少しずつ注入するのがお勧めです。

一時的に必要な量だけ必要な場所に盛るということも自由自在です。

痛みは強くはありませんが、3日間くらい続くことが一般的です。

Q ヒアルロン酸豊胸のメリット・デメリットについて教えてください。

A 手軽ですが、「元に戻ってしまう」というデメリットがあります。

ヒアルロン酸豊胸のメリット

ヒアルロン酸豊胸のメリットは次の通りです。

①手軽にできる

ヒアルロン酸豊胸は「注入するだけ」という手軽さが最大のメリットです。脂肪吸引をする必要がないし、シリコンバッグを入れるために胸にポケットを作る必要もありません。術後の痛みも少なく、ダウンタイムも短くてすみます。

またヒアルロン酸を注入する穴は2ミリ程度で、当院ではわきの下のシワの部分から入れるので、ほとんど目立ちません。その傷も3カ月から半年でよく見ないとわからないぐらいになります。

②ダウンタイムが短い

他の豊胸に比べてダウンタイムが短いです。痛みは3日程度。その他の症状が出ることはほとんどありません。

③元に戻せる

ヒアルロニダーゼという酵素の注射で溶かすことができます。「早く元に戻したい」というときには戻せます。

④自然な仕上がり

適量を注入すれば自然な仕上がりの豊胸が可能です。量を多く入れたい場合は、超音波検査をしながら継ぎ足して行くと安全です。

ヒアルロン酸豊胸のデメリット

ヒアルロン酸豊胸のデメリットを挙げてみましょう。

①半年で元に戻ってしまう

注入したヒアルロン酸は次第に溶けて体内に吸収されてしまいますので、半年ごとなどの定期的な注入をしないとサイズキープができません。長い目で見ればコスパは最も悪いと言えます。

②アレルギーが出る場合がある

ヒアルロン酸そのものが原因でアレルギーになることはありませんが、ヒアルロン酸製剤の中に含まれている架橋剤や保存料などにアレルギーがある場合があります。その際は、ヒアルロニダーゼで溶解したり抗アレルギー剤を内服または点滴したりすることで治療します。

③感染やしこりのリスクがある

一度に多くの量を入れてしまうとしこりになりやすいという特徴があります。このため一度で大きくできるサイズに限界があります。

またヒアルロン酸製剤は体にとっては異物ですので、感染症のリスクは常に付き纏います。もし、細菌感染した場合は、抗生剤の投与や場合によってはヒアルロン酸の溶解が必要になります。

ヒアルロン酸は「お試し豊胸」に最適

ヒアルロン酸豊胸は手軽だけど半年で元に戻ってしまう方法なので、「一時的に胸を大きくしたい」「豊胸するとどうなるか試したい」という場合には向いています。

ヒアルロン酸のケース

BEFORE

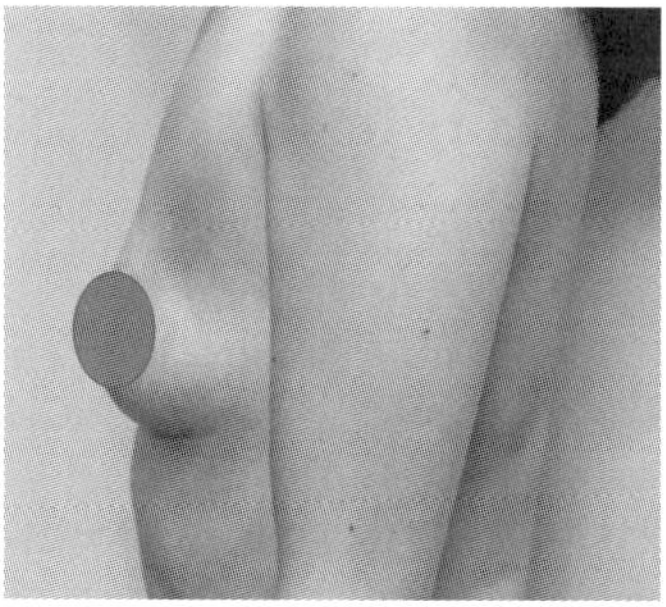

デコルテがそげている場合は、わきに近い部分に入れるとふっくらする

AFTER

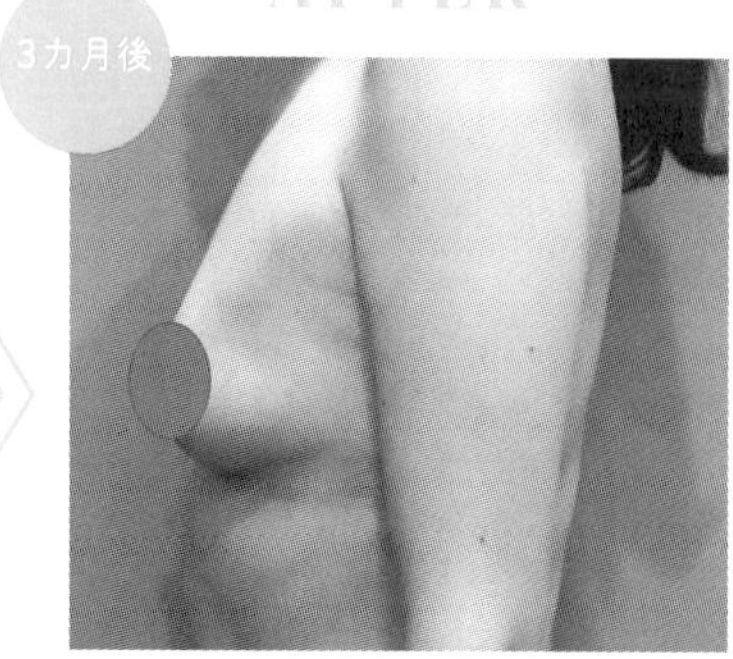

片胸50mlずつの注入でも十分、ボリュームアップ

たとえば、結婚式やパーティ、旅行や撮影があるからなど、一時的にバストアップしたいというときに上手に利用するという手もあります。

あるいは、脂肪注入法やシリコンバッグ豊胸をしたいけれども、実際に豊胸したときのイメージが湧かないという方が最初にヒアルロン酸豊胸を試すケースもあります。

ヒアルロン酸でどれくらいの量を入れたら理想の状態になるのか確認して、シリコンや脂肪豊胸のような永久的な豊胸に置き換えるというのも一つの手段です。

Q ヒアルロン酸でも2～3年長持ちするというクリニックもあるのですが、違いは何ですか？

A 塊で入れれば長持ちしますが、このような方法は当院ではお勧めしていません。

ヒアルロン酸でボリュームを出すために、大きな塊で入れてあえてしこりを作るという方法を採用しているクリニックがあります。

確かにヒアルロン酸は塊で入れると、生体の自然な反応として、ヒアルロン酸の塊のまわりにカプセルという「膜」のようなものが作られます。このため体に吸収されにくくなり、人によっては一生持つこともありえます。

しかしそれは「しこり」であって、正常な胸の組織とは違うものです。感触がやや硬いので触るとわかってしまいますし、見た目も変形する確率が高いです。

何より、しこりは安全性の問題もあります。たとえば乳腺の下にしこりがあると、乳がんを見逃したりすることにもつながります。また乳腺の下のしこりに細菌が繁殖

ヒアルロン酸の塊の周りには「カプセル（膜）」ができる

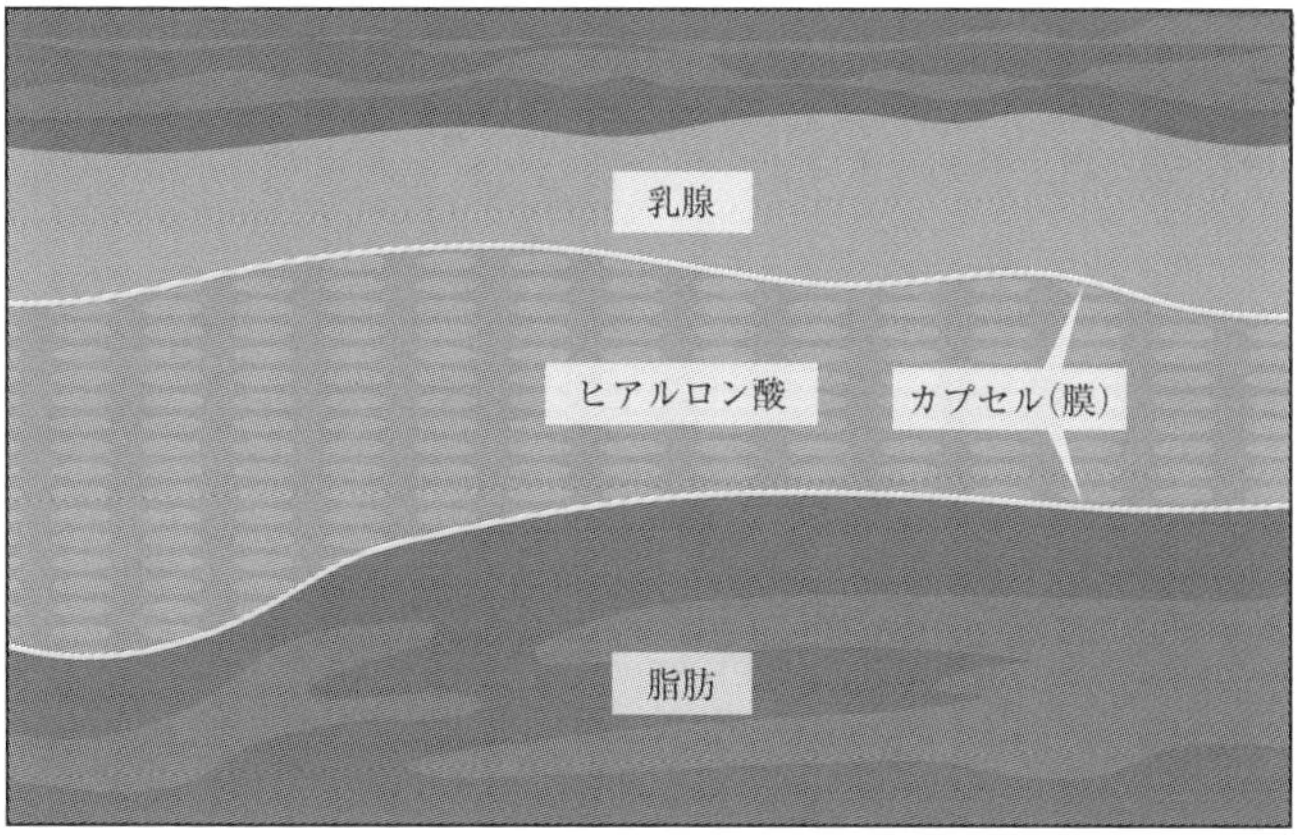

して感染症を起こす可能性もあります。

ヒアルロン酸は、化粧品やシワ取り注射にも使われる身近なもの、体に優しいものというイメージがあるかもしれませんが、そのイメージのままで豊胸を行ってしまうのはリスクが高いので気を付けてください。

Q 他院でヒアルロン酸豊胸を行ったところ、しこりになってしまいました。ヒアルロン酸はしこりになりやすいのですか？

A ヒアルロン酸の質、注入の未熟さによってはしこりになるケースもあります。

すでに述べたように、ヒアルロン酸はボリュームを出そうとして「塊」で入れるとしこりになりやすいのです。

しかし、しこりになる原因はほかにもあります。クリニックによっては認可がおりていないヒアルロン酸や、ヒアルロン酸を希釈して使うクリニックもあるようです。これはしこりになりやすいという以前に、安全性の観点で問題です。特に安価な場合はヒアルロン酸の「質」を疑ってみる必要があります。

また、ヒアルロン酸の注入場所が適切でない場合も、しこりになりやすくなります。ヒアルロン酸の製剤には柔らかいものもあれば固いものもあります。豊胸状態を長く持たせるためには固い種類のヒアルロン酸を選択するのですが、皮膚の浅いところに注入してしまうと、ヒアルロン酸の部分がボコボコした仕上がりになってしまうのです。なめらかで自然な仕上がりのためには、乳腺下や筋肉下などの深い場所に注入する必要があります。

先ほどの「塊で入れずに分散して入れる」こともそうですが、いずれにしても、しこりになるのはスキルが足りない未熟な医師が手術をすることに根本的な原因がある場合が大半です。

COLUMN

ドクター丸山のつぶやき 8

ヒアルロン酸はメリット・デメリットをよく考えて

当院ではヒアルロン酸豊胸は患者さんが「どうしても」と希望されない限り、こちらから積極的にお勧めしていません。なぜなら患者さんにとって、メリットを上回るデメリットが大きいケースが多いためです。

一般的には痩せていて脂肪吸引ができない、かといってシリコンを入れると目立ちすぎるという場合はヒアルロン酸が適応とされます。しかし、すでに述べたように当院は高い吸引技術を有しているため、ほとんどのケースで脂肪豊胸が可能です。最初ヒアルロン酸豊胸を希望していた方も、きちんと説明をすると脂肪豊胸に切り替える方がほとんどです。

以前にグラビアアイドルの方がいらして、「3日後に撮影がある」と豊胸を希望されました。この場合はダウンタイムを考えるとヒアルロン酸豊胸しか選択肢がないので、デメリットを納得いただいた上で施術し、後日、溶解注射で元に戻しました。

「ヒアルロン酸は理想の豊胸術！」などというように宣伝しているところもありますが、当院には他院で施術して「しこりになってしまった」「元に戻った」という方が多く駆け込んで来られます。

つい最近も他院で「うちのヒアルロン酸は2～3年持ちます」と言われて豊胸をしたけれど、1年どころか3カ月で元に戻ってしまったという方が来院されました。超音波で見てみると、乳房のいろんなところにポツポツとヒアルロン酸が残っているのです。このようになってしまうと、一度残っているヒアルロン酸を溶かしてから、再度、豊胸手術を実施しないといけないのです。

どうか本書を読まれているみなさんは、正しい知識の元で賢明な判断をしていただきたいと思います。

PART

4

一気にサイズアップ「シリコンバッグ」の不安と疑問に答えます

一気にサイズアップして、憧れの美乳が手に入るシリコンバッグによる豊胸。近年は非常に性能がよく、耐久性が高いシリコンが出ています。一方で異物を入れるわけですから注意すべき点もあります。

小野寺剛昌

Q シリコンバッグ豊胸はどんな方法ですか？

A シリコンで作られたバッグを挿入することで胸にボリュームを持たせる方法です。

1回で理想のバストラインが手に入る

わきの下の小さな切開（約3～4㎝）からシリコンバッグ（インプラント）を挿入する方法です。

入れる場所は大胸筋下、大胸筋膜下、乳腺下の3つあります。大胸筋下に入れるのがスタンダードですが、場合によっては大胸筋膜下、乳腺下に入れたほうがいい場合もあり、患者さんに合わせて選択しています。

シリコンのサイズは自由に選べますので、1回の施術で2カップ以上のバストアップが可能です。とにかく1回で理想のサイズにバストアップしたいと考えている方にお勧めの方法です。

シリコンは希望の幅、高さ、奥行を選ぶことができるので、理想のバストラインを手に入れることができます。

どのぐらいサイズアップできる？

シリコンは一般的に100ccで1カップのバストアップが見込めます。200cc入れれば2カップ、300cc入れれば3カップアップとなります。

理論的には5カップでも6カップでも大きくすることができます。とはいえ、通常の体格の方であれば、250ccか、最大でも300ccくらいまでにとどめておくのが無難だと思います。

それ以上となると、事前の処置が必要となってくる場合があります。P124をご覧ください。

私の経験では500ccを入れたことがあります。500ccというと5カップアップで、かなりの大きさになりました。

ただ、脂肪豊胸のところで述べたように、デザインの問題がとても大きいのです。単に容積にこだわるよりも、高さ、幅、突出度を細かくデザインすることで実際よりも大きく見せることができます。大事なことは自分の体に合ったものを選ぶことです。

Q シリコンバッグ豊胸のメリット・デメリットを教えてください。

A 一度で大きくできるシリコンバッグですが、デメリットも知っておきましょう。

一度で大きくできて、半永久的に持続する

シリコンバッグ豊胸がほかの豊胸より優れている点は2つあります。

前述のとおり、シリコン豊胸は1回の施術で確実に2カップ以上のバストアップが可能です。脂肪豊胸やヒアルロン酸豊胸では最大2カップアップくらいまでが限界ですから、それ以上の大きさを求める場合はシリコンがお勧めです。

さらにシリコンはその大きさが永久的に持続します。ヒアルロン酸は半年ほどすると元に戻ってしまいます。

脂肪は1カ月後の大きさがそのまま維持できますが、極端にダイエットをしてしまうとサイズダウンする恐れもあります。シリコンの場合はこうしたリスクがまったくありません。

シリコンバッグの注意点

シリコンを挿入したらそれで終わりではありません。挿入後に注意しないといけないことがあります。

シリコンは体にとって異物です。体に異物を入れるということは細菌感染やカプセル拘縮のリスクがあると考えておかなくてはなりません。

カプセル拘縮（以下、拘縮）というのは、シリコンのまわりに膜が張ってしまい、それが縮むことで乳房自体が硬く変形してしまうことです。人によっては、膜に石灰化が起こり、卵の殻のような硬さになります。

細菌感染や拘縮は、術後何年もたってから起こることもあります。日ごろから自分のバストをよく観察し、少しでも異常があればすぐに受診しましょう。

またシリコンは経年劣化が起こる可能性があります。衝撃で破れやすくなったり、シリコンゲルが漏れ出てしまったりというリスクです。最近のシリコンは以前のものに比べ、品質がかなり向上していますが、こうしたことがまったく起こらないわけではないので、注意が必要です。

年齢とともに胸が下垂した場合のリスクも考えて

P32でも述べたことですが、人は誰でも年齢とともに乳房が下垂します。ところがシリコンは何年経過してもその場に止まり続けます。そうすると自分の胸は垂れてしまったのにデコルテのあたりにシリコンが残って、胸が二段になるという変形が生じてしまう恐れがあります。

その場合はシリコンを入れ直すことで、変形を解消することが可能です。ただ、年齢を経ると「もう大きくてパツパツしたバストは不自然」ということで、シリコンを取り出す方もいらっしゃいます。

そのままだと皮膚が余ってしまうので、代わりに脂肪を入れるととても自然な感じに仕上がります。

シリコンバッグのケース

BEFORE

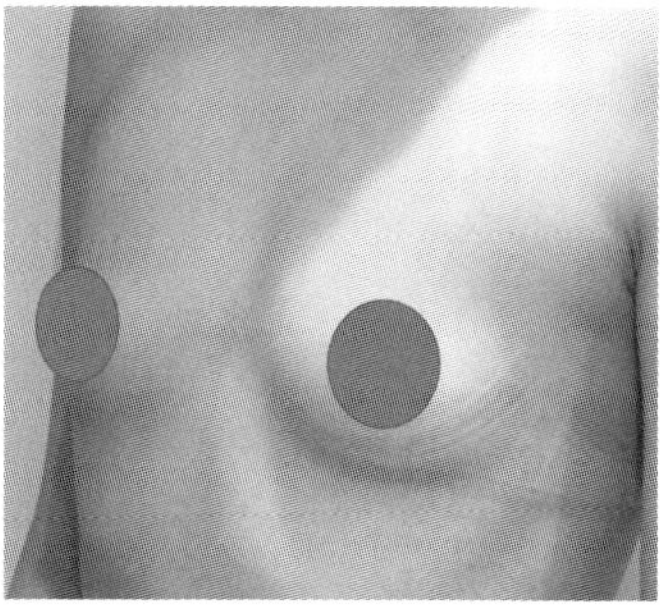

瘦せ形で脂肪が少ないため、脂肪注入も合わせて行う
（ハイブリッド豊胸）

AFTER

約2カ月後

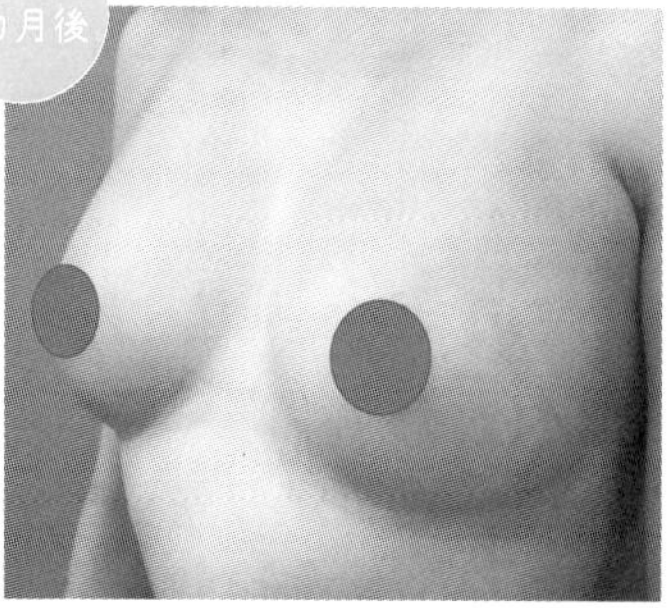

2カップ以上大きくしてもシリコンバッグとの境目が目立たない

シリコンバッグはこんな方にお勧め

- 1回の施術で2カップ以上のバストアップをしたい方
- 脂肪豊胸では満足できなかった方、取る脂肪が無かった方
- 乳がんで乳房全摘術を受けて乳房再建をしたい方
- とにかく巨乳を目指している方

Q とにかく巨乳にしたいです！ シリコンバッグで夢が叶いますか？

A 希望通りのサイズアップが実現します。

憧れのボリューミーバストが手に入る

「とにかく巨乳にしたい！　せっかく豊胸するのだから思い切って大きくしたい」という方も一定数いらっしゃいます。シリコンバッグであればそういう夢も叶います。ただ、もともとの体に対してかなり大きなシリコンを入れたいという方、あるいは皮膚が伸びづらいタイプの方の場合は、前処置として、皮膚を伸ばしてからシリコンを挿入します。

皮膚を伸ばす方法として、「ティッシュエキスパンダー」という風船のような構造をしているものをすぼめた状態で乳房に挿入します。

その後1週間ごとに100㎖ずつ生理用食塩水を注入して皮膚の皮を伸ばしてい

きます。目標とする量まで皮膚を伸ばしたら、エキスパンダーを取り出しシリコンに入れ替えます。このような方法で５００㎖以上の大きなシリコンバッグも挿入可能になります。

この方法は乳がんで乳房全摘術を受けて乳房再建をしたい方にも行います。詳しくは後の章をご覧ください。

「ハイブリッド法」で「自然な巨乳」を実現！

痩せていて皮下脂肪が少ない方が大きなシリコンを挿入してしまうと、見た目も触り心地も不自然になりがちです。

このような場合は、シリコン挿入に加え、脂肪注入をするなどの工夫をすることで自然に近い仕上がりにすることもできます。

たとえばスリムな方がシリコンで３００ccを入れると、ちょっと不自然なのです。そこでシリコンは２００ccにして、脂肪で残りの１００ccを補うようにすると、非常に自然にバストアップできます。これは同時に行うこともできますし、シリコンを最初に入れ、しばらく様子を見てから後で脂肪を注入するということも可能です。

Q シリコンバッグとはどのようなものですか？安全性は保障されていますか？

A 医療用シリコンゲルがつまったバッグです。もちろん、安全性は保障されています。

バストの成形に古くから活用されてきたシリコンバッグ

シリコンバッグは正式には「シリコンインプラント」といって、医療用のシリコンゲルをつめたバッグのことです。

まず医療用シリコンはカテーテルやチューブ、赤ちゃんの哺乳瓶の乳首などに長年使われてきており、人体に対する安全性はすでに保障されています。

当院では米国製のモティバ（Motiva）社のエルゴノミクスというシリコンを採用しています（2021年現在）。

モティバエルゴノミクスの特徴は、シリコンゲルが高密度にバッグの中に満たされているので、シリコンのシルエットが波打ってしまったり、縁が目立ってしまったりといったトラブルを回避できることです。

また約350種類のサイズから、最適なサイズを選択することが可能なことも大きなメリットです。サイズは、直径、高さ、弧を選ぶことができます。直径は8・5㎜から15㎝までの間で、5㎜刻みで選択でき、高さは低いほうからMINI（ミニ）、DEMI（デミ）、FULL（フル）、CORCE（コース）の4つのシリーズから選択可能です。日本人にはDEMI（デミ）が適合しやすい場合が多いです。大きいものであれば500cc以上のシリコンもあります。

シリコンバッグの安全性は？

当院で使用しているMotiva（モティバ）エルゴノミクスはFDA（Food and Drug Administration＝アメリカ食品医薬品局）の認可を得ている製品です。モティバエルゴノミクスのシリコンは6層構造になっており、中身のシリコンゲルが簡単には漏れない構造になっているため、他のシリコンより破れなどの心配が少なく安全です。

4層目にはブルーシールという特許取得のバリア膜が備わっていて、柔らかさをキープしながらゲルの漏れを抑えます。

Q シリコンバッグの寿命は何年ですか？　一度入れたら、問題がなくても何年か後に入れ替える必要はあるのでしょうか？

A 現在使われているシリコンバッグは耐久性が高く、長い期間もちます。

かつて豊胸術に使われていた生理食塩水や液状シリコンは、拘縮を起こしたり、破損する可能性が高く、寿命は5年から10年程度とされており、入れ替える必要がありました。

しかし現在は技術革新が進んで、10年以上持つことが増えています。個人差がありますが、なかには一生持つ方もいます。問題がなければずっと入れていてもかまいません。

ただ、それでも絶対に破損や拘縮がないとは言えませんし、P122でも述べているように、年齢とともにバストが下垂してきて胸に段差ができてしまう場合もあります。

ですから「入れたら一生もの」と考えるのではなく、10年以上たった場合は交換や抜去する可能性があることを念頭に入れておきましょう。

もし、破損した場合は、放置すると感染症やしこりの原因となりますから、早めの対処が必要です。しこりがある、胸が変形してきたなど、少しでも異変を感じたらすぐに手術した医療機関を受診しましょう。

また外からの衝撃によってシリコンバッグが破損するというのは、交通事故レベルの外発が加わらない限りは考えられません。破損したとしても中身のゲルが形状を保って流れ出ていかないように工夫されていますのでご安心ください。

Q シリコンバッグ挿入後の見た目や触り心地を自然に見せることはできますか？

A シリコンバッグの選び方、入れ方の技術によって自然に見せることができます。

見た目が自然なシリコンバッグを採用

当院で採用しているモティバエルゴノミクスは、触り心地は少し硬めですが、挿入後の見た目が非常に自然です。体のサイズに対して極端に大きなシリコンバッグを入れるのでない限り、触られても普通の胸と区別できないくらいの仕上がりにすることもできます。柔らかいシリコンを求める方には、「ベラジェル」という製品を入れることもできます。

寝たときも不自然でないシリコンバッグの入れ方

シリコンは、寝たときにバストがクッキリと上を向いているのでバレやすいという

体勢でシリコンバッグの形が変わる

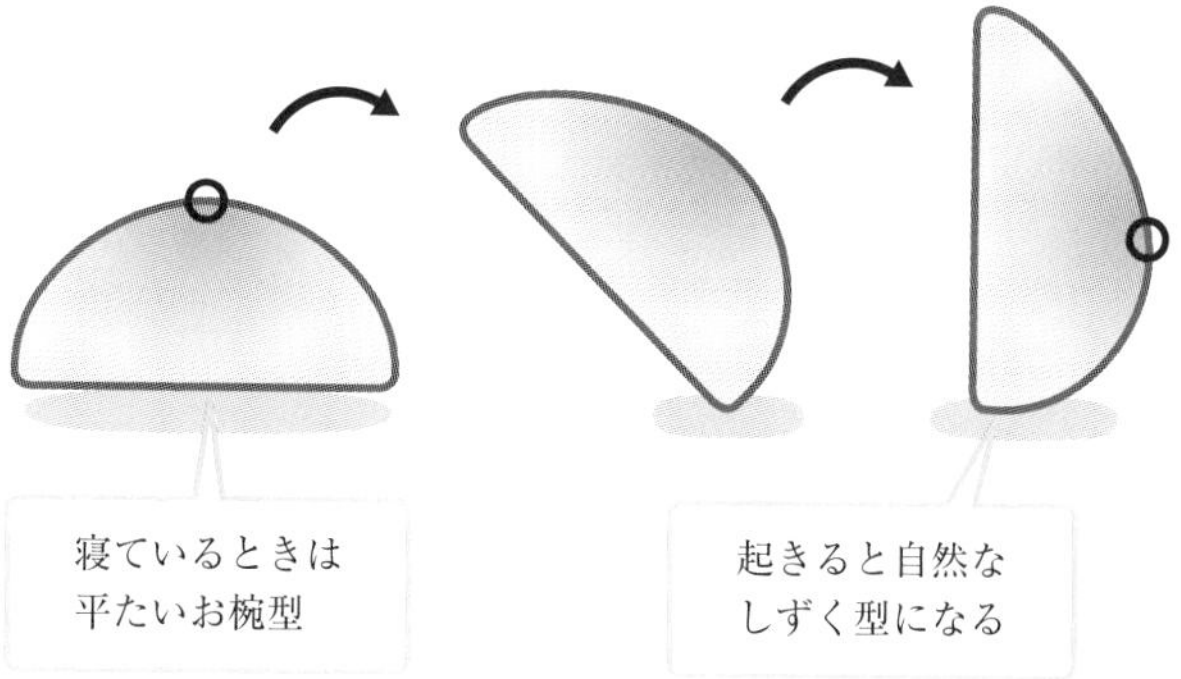

寝ているときは
平たいお椀型
起きると自然な
しずく型になる

シリコンバッグに形が変わる工夫がされているので、バレにくい

欠点があります。立った状態では自然に見えていても、寝ると横に流れにくいのでどうしても不自然に見えてしまいがちなのです。この場合、シリコンを入れるポケットを広く作成することで横に流れる胸を再現することが可能です。

また先ほど述べたモティバ社のエルゴノミクスは、寝た状態と立った状態でシリコンの形が変わる工夫がされています。立った状態ではしっかりときれいなお椀の形を保っているけれど、横になると平たくなるのです。これによって「寝てもクッキリ上向き」の不自然さを極力避けることができます。

Q シリコンバッグを挿入するときの傷はどのぐらいの大きさですか？ 跡は残りますか？

A 切った跡は残りますが、なるべく小さく、目立たないように工夫します。

シリコンバッグ豊胸は、胸を切開してシリコンを挿入しますから、どうしてもその部分の傷は残ります。

もちろんなるべく小さく、目立たないように工夫します。大きいシリコンを入れる場合はその分大きめに切る必要がありますが、いかに入れるシリコンに対して小さく切るかが腕の見せ所となります。

外国の施術例などを見ていると、直径10㎝のシリコンを入れるのにアンダーバストのラインを大胆に10㎝近く切って入れていたりして驚くことがあります。とはいえ、白人は比較的すぐに傷跡が目立たなくなるのですが。日本人は傷跡が残りやすいので慎重なアプローチが求められます。

切開はできるだけ小さく

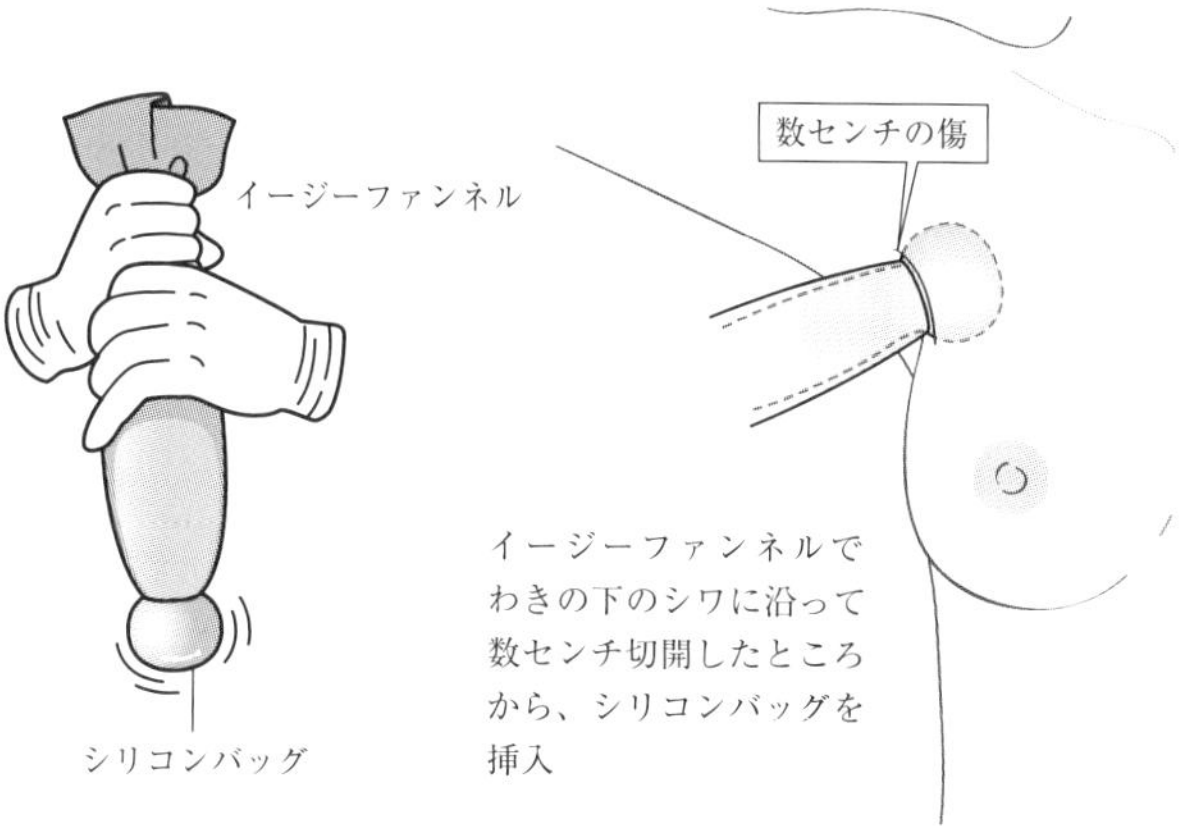
イージーファンネル
シリコンバッグ
数センチの傷
イージーファンネルでわきの下のシワに沿って数センチ切開したところから、シリコンバッグを挿入

切開する場所はわきの下、アンダーバストのほか、乳輪に沿って切開するパターンもあります。

当院の場合は主にわきの下のシワに沿って数センチ切開して、そこから「イージーファンネル」というクリーム絞り器のような袋状の器具を用いてシリコンを挿入します。

シリコンを少しずつ絞り入れていくので、小さな傷からも入ります。

傷はわきのシワに隠れるので目立ちません。また個人差はありますが、徐々に傷跡が薄くなって数年たつとほとんどわからなくなることが大多数です。

Q 以前、シリコンバッグを入れたのですが、胸に段差ができてしまいました。治すことはできますか？

A 段差は3つのケースが考えられます。原因を割り出して対処します。

シリコンバッグの入れる場所が適切でない場合

段差ができてしまうのは3つのケースがあります。

まず、シリコンバッグを入れる位置が適切でない場合。シリコンは乳腺下、大胸筋下、大胸筋膜下のいずれかに入れますが、下垂気味の胸に対して大胸筋下に入れてしまうと2段になってしまうことがあります。大胸筋のところにシリコンが収まり、その上から垂れた胸がかぶる形になってしまうからです。

この場合はシリコンを取り出して、新たに大胸筋膜下、または乳腺下に入れ直すと解消できます。ただし、胸が垂れている方はシリコンの適用ではないので、脂肪豊胸に変えたほうがいい場合もあります。

リップリングができてしまった場合

リップリングができると段差に見えることがあります。リップリングは挿入したシリコンが胸の中でよれて波が打ったように見えたり、デコボコに見えたりするものです。

リップリングは、痩せている方などに体のサイズに対して大きすぎるシリコンを入れた場合に起きやすい現象です。この場合、フチの部分に脂肪を注入することで段差を解消することができます。

また、すでに述べたようにバッグが拘縮を起こしてしこりになると、リップリングが起こることもあります。

Q 少し前にシリコンバッグが原因でがんになったという報道がありましたが、現在は大丈夫なのでしょうか？

A がんの原因とされるシリコンバッグは回収され、現在は出回っていません。

特定のシリコンバッグで起こった症例

2019年、FDAはアイルランドに本社があるアラガン社のシリコンバッグに悪性リンパ腫（がん）の発生のリスクがあると発表しました。これを受けてアラガン社は、対象商品を自主回収・販売停止を行いました。

アラガン社のシリコンによる悪性リンパ腫は主に欧米で発生していますが、日本でも2例が報告されています（2021年8月現在）。

当院で使っているのは前述の通り、モティバのシリコンです。このシリコンが原因の悪性腫瘍の発生は報告されていません。

アラガン社のシリコンバッグを挿入した方へ

今現在、アラガン社のシリコンを挿入されているという方もいらっしゃると思います。変形や液体がたまっている感じがする、痛み、違和感などの症状がある場合は、即受診されることをお勧めします。

当院では、そのような患者さんに対して超音波検査を行ってシリコンの状況の評価や、場合によっては入れ替えなども行っております。

なお、ＦＤＡはすでに挿入している方でも、がんが発症していなければシリコンの抜去手術は推奨しないとしています。

Q 数年前に他院でシリコンバッグを入れましたが、しこりができて形も不格好になってしまい、泣きそうです。治してもらえますか？

A お任せください。最近は他院の修正が非常に増えています。

しこりができた、胸が変形したというケース

当院には他院で行った豊胸の修正を希望される方が多くいらっしゃいます。一部では「駆け込み寺」と呼ばれているようです。

シリコンバッグは拘縮を起こすリスクがあります。その結果、胸に段差がついたり、皮膚が波打ったような感じに見えたりするなど、不自然な状態になってしまいます。

この場合は、シリコンと皮膚の間に脂肪を注入して段差を目立たなくする方法があります。それが難しいようであれば、シリコンを新しいものと入れ替える、あるいは脂肪注入に置き換えることもできます。

拘縮の原因は、シリコンバッグ自体と入れ方にある

まず、シリコン自体の問題とは、拘縮を起こしやすい製品があるという事実です。当院では、モティバのエルゴノミクスというシリコンを使っていますが、この製品は、拘縮を起こしにくいテクスチャード加工（後述）のシルクサーフェス（SilkSurface™）という特殊表面加工が施されています。まさにシルクのように滑りがいいため、シリコンの挿入時に小さな傷から入れやすく、挿入後も拘縮や炎症を起こしづらいのです。

次に、シリコンの入れ方の問題です。シリコンを挿入する場所は、大胸筋下、大胸筋膜下、乳腺下の3つがあると述べましたが、特に乳腺下に入れたシリコンは感染や拘縮が起こりやすい傾向にあります。

乳腺には乳管という母乳を乳頭まで運ぶ管がありますが、その管は母乳を出すために乳頭で開口しています。外気と触れる管からは、どうしても細菌が入りやすくなってしまうのです。大胸筋下または大胸筋膜下など、要するに乳腺とはちょっと離した層に入れることでこうしたリスクを回避することができます。

さらに、挿入時の感染の問題もあります。シリコンの表面に細菌がくっついて炎症が慢性的に起こると、シリコンの周りに固い膜ができてしまい、拘縮の原因となるの

シリコンバッグを脂肪注入に変更したケース

BEFORE

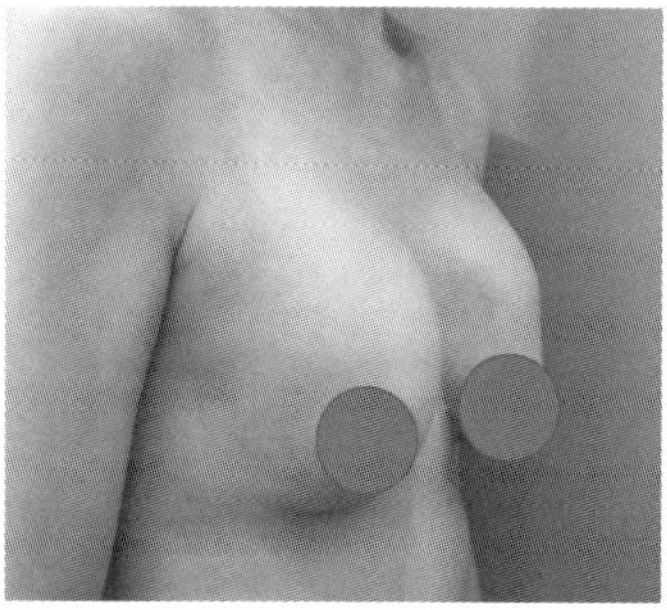

拘縮で胸が変形している
状態

AFTER

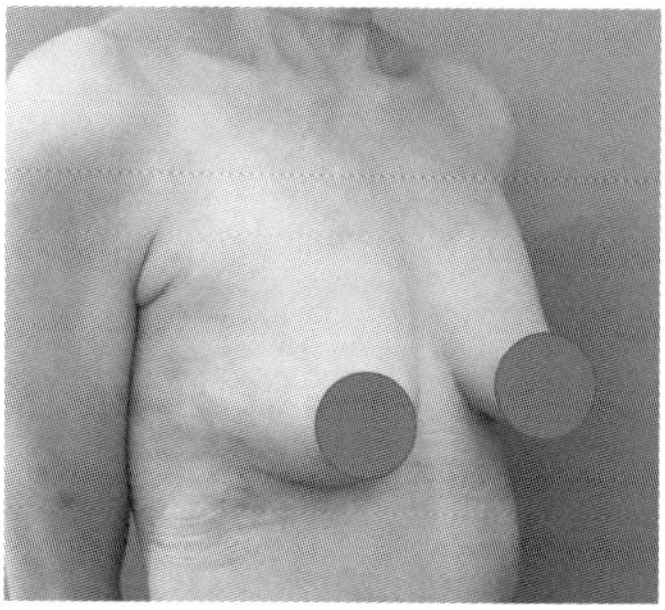

シリコンバッグを除去して
脂肪注入で自然な胸に

で、挿入時には細心の注意を払う必要があります。

当院では、特注の剥離子（シリコンを入れる場所を作る際に使用する道具）やバイポーラ（止血する道具）を駆使して、最小限の出血に抑える工夫をしています。

また、イージーファンネル（P133参照）を用いてシリコンを挿入するため、滅菌したシリコンをほとんど触ることなく体内に挿入することができます。

血がたまると拘縮の原因になるため、手術の際にはできるだけ出血させないことも大切です。当院には挿入時の出血を最低限にできる技術があるため、術後にドレーン（血抜きの管）を入れる必要がないほどです。

PART

5

失った胸を取り戻す「乳房再建」の不安と疑問に答えます

乳がんで乳房を失った方のための再建術についてお伝えします。美容外科では幅広い選択肢からチョイスすることが可能であり、最新の技術できれいな乳房を再建します。

Q 乳房再建の方法について教えてください。

A 乳房再建には2通りの方法があり、一次再建と二次再建に分かれます。

皮弁形成術とシリコンバッグによる再建術

乳房の再建術は2通りあります。ひとつは皮弁形成術といって、自分のお腹や背中の組織を使う方法です。腹部や背中の皮膚を脂肪や血管ごと切り取って乳房に移植します。

もうひとつはシリコンインプラントを挿入する方法です。前章で述べたシリコンバッグを入れる方法と同じです。

皮弁形成術はすべて自分の組織でまかなえるのでアレルギーもなく、自然なバストが作れる強みがありますが、乳房だけでなく、切り取った部分にも大きな傷跡が残りますし、入院も必要な大がかりな手術です。

シリコンによる再建は乳がん切除した箇所の切開でシリコンを挿入できますので、皮弁形成術より圧倒的に簡単で体のダメージも少なくすみます。

皮弁形成法とシリコンによる再建の場合は保険適用ができます。

術後すぐに行う一次再建としばらくしてから行う二次再建

乳房再建は乳がんの手術と同時に行う一次再建術と、術後しばらくしてから行う二次再建術があります。

一次再建術の場合、多くは乳がんの手術と同時に乳房内に組織拡張器（ティッシュエキスパンダー）を入れ、乳房にスペースを作った後に、再建（シリコンの挿入、皮弁形成術）を行います。

これに対し、二次再建は乳がんの手術後、落ち着いたタイミングでシリコンの挿入、皮弁形成術を行います。こちらもティッシュエキスパンダーを用いることが多いです。

Q 乳房再建に使われるシリコンバッグは、どのようなものがありますか？

A 保険が適用されるものと、保険適用外のものがあります。当院ではより幅の広い選択肢からお選びいただくことができます。

乳房再建に使われるシリコンバッグは基本的には4章で述べた、通常の豊胸に使うシリコンと同じものです。機能や安全性については同様なので4章を参照してください。

シリコンによる乳房再建には保険適用が効きますが、使えるものが決まっています。当院では、モティバエルゴノミクスというシリコンを主に採用しています。保険適用外ではありますが、保険適用のものよりも柔らかく、テクスチャード加工といって表面がザラザラに加工されています。拘縮を起こしにくいというメリットがあり、見た目が自然で多くの方に好まれています。

乳房再建に使用できるシリコンバッグ

シリコンバッグの種類	テクスチャードタイプ	スムースタイプ
表面の手触り	表面がザラザラ	表面がツルツル
カプセル拘縮	起こりにくい	起こるリスクがやや高い
術後のマッサージ	不　要	必　要

- 美容豊胸の世界ではテクスチャードタイプが主流
- 保険適用ならスムースタイプだが、予算があるならテクスチャードタイプがお勧め

ほかにも韓国のベラジェルというシリコンもあります。こちらもテクスチャードタイプです。モティバ社のものより柔らかく、触り心地がとても自然ということで人気があります。

Q シリコンバッグによる乳房再建の流れを教えてください。

A 皮膚を少しずつ伸ばしてからシリコンバッグを挿入します。

乳房再建の流れ

乳がん手術では皮膚が切除されているので、まず前項で述べたように最初に皮膚を伸ばす必要があります。そこで最初に皮膚を伸展させるための器具（ティッシュエキスパンダー）を大胸筋の下に挿入することが一般的です。これは乳がんの手術後すぐに行う場合と、手術が終わってから行う場合があります。

ティッシュエキスパンダー挿入後、皮膚が徐々に伸展して、落ち着くまでは半年程度が必要です。

ティッシュエキスパンダーを使わなくても十分なスペースがある方の場合は、そのままシリコンバッグを挿入できることもありますが、例としては多くありません。

2回目の手術でティッシュエキスパンダーを取り出し、シリコンを挿入します。

シリコンバッグによる乳房再建の手順

❶乳がんの手術後、ティッシュエキスパンダーを挿入

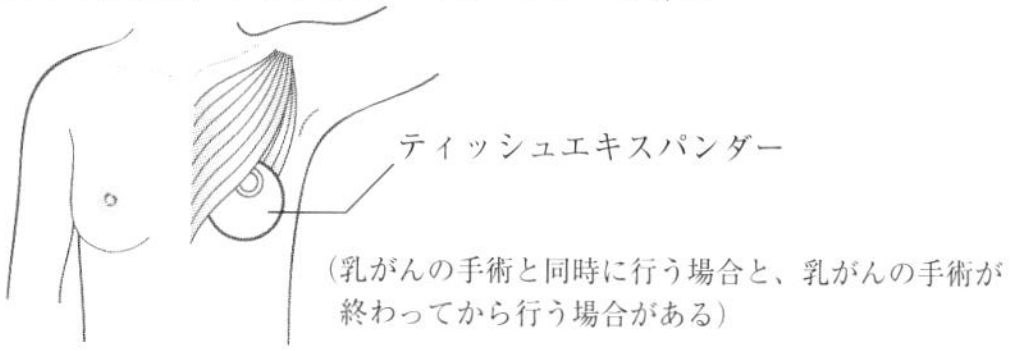

(乳がんの手術と同時に行う場合と、乳がんの手術が
終わってから行う場合がある)

❷約6カ月かけて、ティッシュエキスパンダーに少しずつ生理食塩水を入れ、皮膚を伸展させる

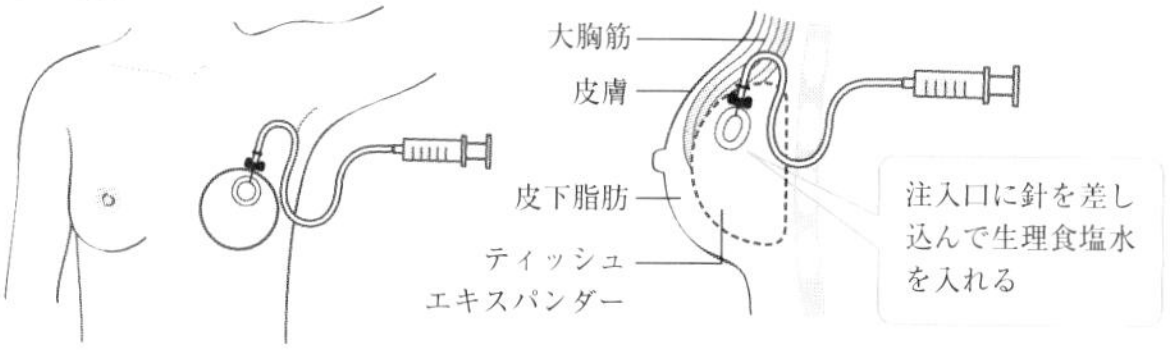

❸ティッシュエキスパンダーを取り出し、シリコンバッグを挿入して再建する

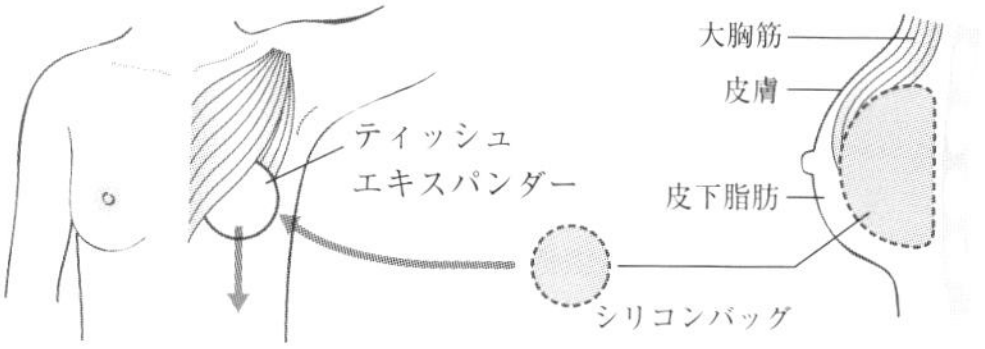

❹乳房再建後、乳輪・乳頭を再建することもできる

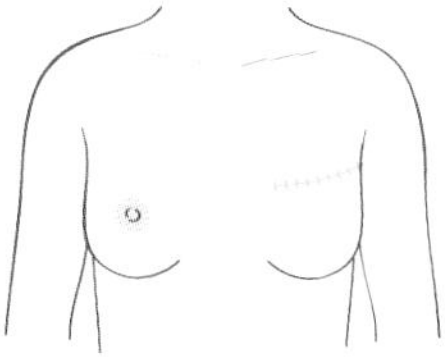

ティッシュエキスパンダー、シリコンともに乳がんの手術の傷跡を切りますから、新しい傷はつきません。

乳輪・乳首の再建

乳房の再建後、希望される方は乳輪・乳首の再建もできます。乳首は反対側の乳首を一部切除して移植する方法や皮膚を持ち上げて形成する方法などがあります。乳輪は色が近い陰部の皮膚を移植する方法、タトゥーで色を入れる方法があります。乳輪・乳首の再建も保険が適用されますが、タトゥーを入れる方法は自費です。

当院では現在は乳輪・乳首の再建もしています。

私も大学病院にいたときは乳輪・乳首の形成を行っていましたが、本当に健側と見分けがつかないほどきれいに再建できます。

乳房再建のケース

BEFORE

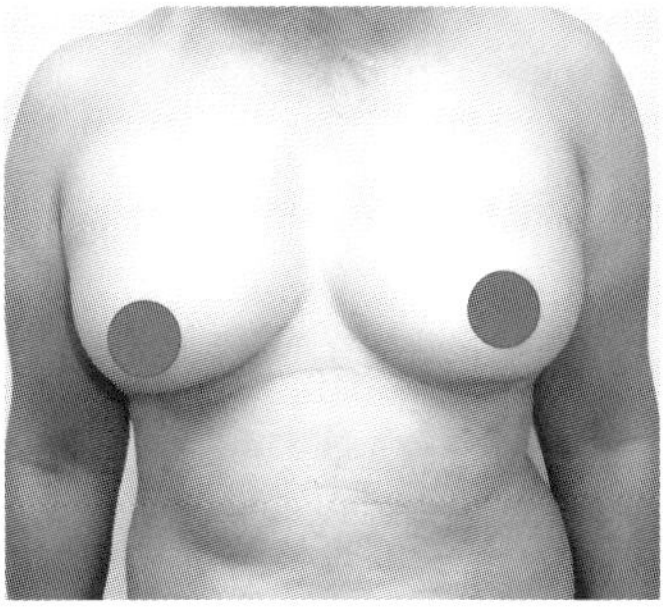

乳がんの治療前（左胸）

AFTER

約
6カ月後

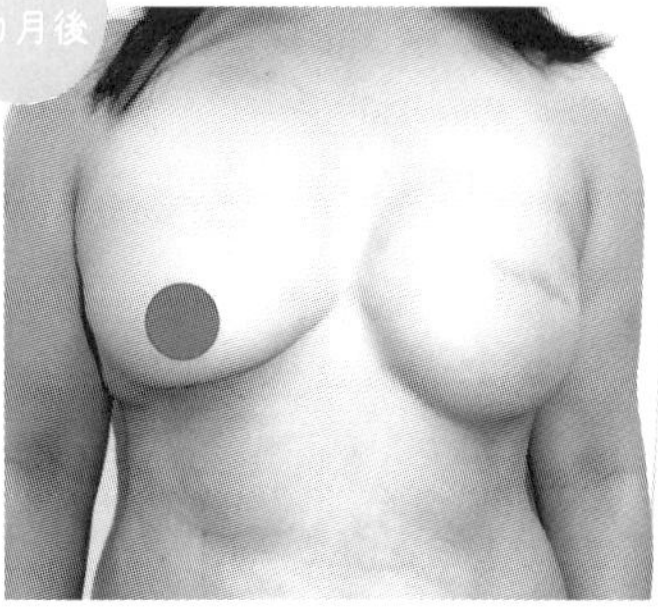

乳がんの手術と同時にティッシュエキスパンダーを挿入

AFTER

約
6カ月後

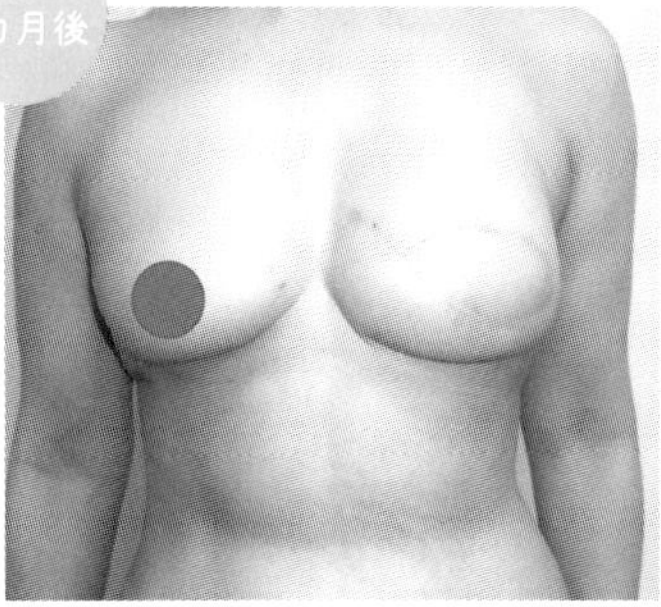

お腹の皮膚と脂肪を使った皮弁形成術で、左胸を再建

今後の治療予定

今後、左胸の切除で失った乳輪と乳首も皮弁形成術とメディカルタトゥーで再建を行う予定です。

写真提供：宇都宮裕己

Q 乳房再建は、術後いつから行えますか？

A 化学療法が終了した後に行うことができます。

化学療法が終了後、一段落したらOK

術後の傷が落ち着く半年以降に行うのがいいと思います。化学療法（抗がん剤療法）を受ける場合は、それが終了して、2〜3カ月程度置いてから行うのがいいでしょう。

とはいえ、抗がん剤治療で白血球値が著しく落ちている場合はその回復を待つ必要もありますし、具体的な時期は主治医と相談の上、決めてください。

ホルモン療法は再建術とは直接影響しないので、治療中でも受けることができます。

放射線療法を受けた方は注意が必要

放射線療法を受ける方は、放射線の影響で皮膚の組織が弱くなったり伸びにくく

なったりするので、ティッシュエキスパンダーやシリコンバッグを使うことが難しくなります。
使う場合は、十分に状態を見極める必要があります。異物での再建が難しい場合は、皮弁形成や脂肪注入での再建をしなくてはなりません。
再建方法は、主治医、美容外科医（形成外科医）と相談して決めるのがベストだと思います。

Q 乳房再建は保険が利くと聞きます。あえて美容外科で、自費で行うメリットは何でしょうか？

A 保険適用外の治療が行えるため、選択の幅が広がります。また美容外科・形成外科ならではの審美センスと技術で、より美しい仕上がりを提供します。

すでに述べたように保険適用の場合は、使えるシリコンバッグの種類が決まっています。自費の場合はそうした制限がないので、より広い選択肢から選ぶことができます。

豊胸の世界ではモティバのエルゴノミクス、ベラジェルが自然で拘縮が起こりにくいため世界的に人気です。当院の場合はご自分で調べて、自費で入れたいという方がいらっしゃいます。

さらに「もともと胸が小さいので、この際、左右一緒に豊胸したい」といった美容的な要望にも応えることができます。

また自費の場合は「ハイブリッド法」、つまりシリコンにプラスして脂肪注入ができるという利点があります。ハイブリッド法のメリットはP125で述べていますが、より自然なバストを作りあげることが可能です。

その際の脂肪注入はP98で述べた脂肪由来幹細胞でも行うことができます。

COLUMN

ドクター丸山のつぶやき

9 幅の広い選択肢から選べる美容外科の再建術

当院における乳房再建は、現役で大学病院や総合病院で乳房再建に関わっている、経験豊富な医師が担当しています。

当院ではこうした熟練した医師による自費診療が可能というわけです。もちろん費用は掛かりますが、幅の広い選択肢から審美的な観点で、より美しい仕上がりを提供します。予算が許すのであれば検討していただければと思います。カウンセリングにも気軽にいらしてください。

Q 全摘ではなく、部分切除（温存療法）を受けましたが、左右が著しくアンバランスになってしまいました。変形も気になります。治すことができますか？

A 皮弁形成術、脂肪注入法（脂肪由来幹細胞）で対応できます。

しっかりしたバストを作るならシリコンバッグがお勧め

温存療法（部分切除）では、乳房が残るという利点がありますが、一方で切除する部分が大きかったり、切除する場所によって、左右がアンバランスになったり、変形が起こったりということがあります。

温存療法の脂肪注入による再建に対しては、保険が適応されないので、通常の乳腺外科では対応していないこともあります。

部分切除の場合には皮弁形成術、脂肪注入法で対応できます。脂肪注入はP98で述べている脂肪由来幹細胞を注入する方法でも行うことができます。

皮弁形成術

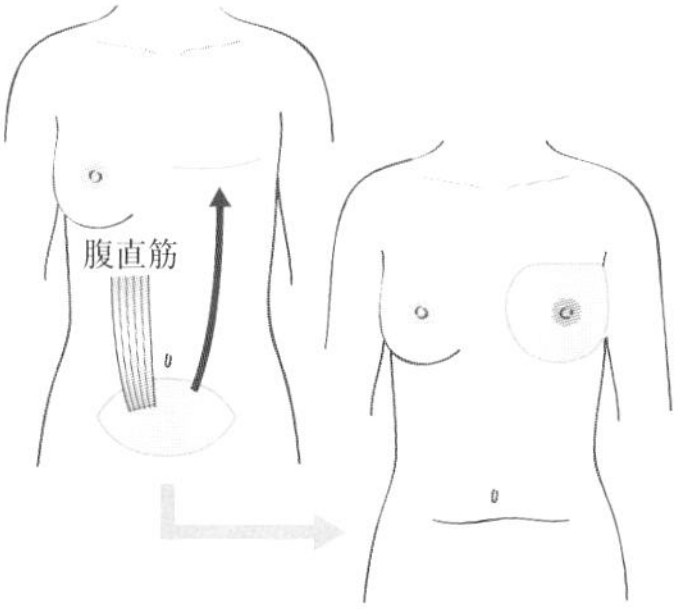

腹部の皮膚、脂肪組織、筋肉の一部を切除した乳房に移植する

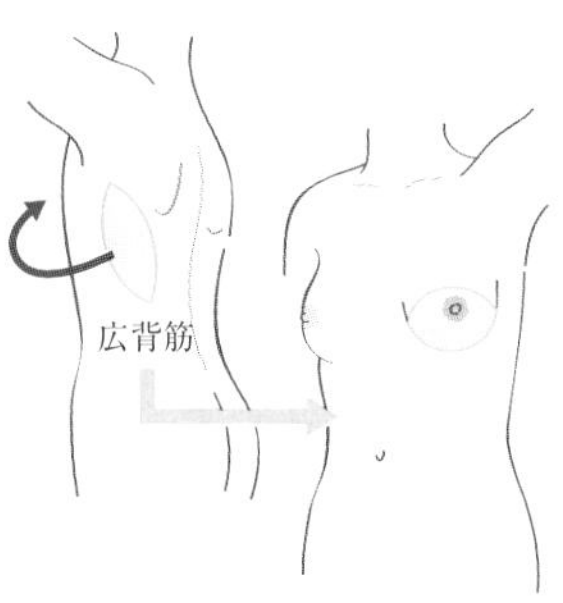

背中の皮膚、脂肪組織、筋肉の一部を切除した乳房に移植する

部分切除も病状によって異なるので、脂肪注入だけで対応できる場合もありますし、変形が大きい場合は皮弁形成術を行うこともあります。

ただし、温存療法後の形成は、特に放射線療法を受けている場合では難易度が高いです。場合によっては、全摘して形成したほうがきれいに仕上がることもあります。

Q シリコンバッグのせいで再発の発見が遅れたり、乳がんのリスクが上がるのではないかと心配です。脂肪注入だけで再建することはできないのでしょうか？

A 再建によって再発の発見が遅れたり、再発のリスクが上がることはありません。また、脂肪注入だけでできる場合とできない場合があり、その見極めが大切です。

再建をする前に今後の検査について主治医と相談を

P38で述べているように、シリコンバッグを挿入後は、マンモグラフィを受けられない（断られる）ことがあります。エコーやCT、MRIは問題なく受けられるので、そちらで診断してもらうことになります。

しかしもし再発があればこれらの検査で見つけることができますから、再建をしたことで「再発を見逃される」ことはありません。再建をする前に今後の検査について主治医と相談するといいでしょう。

また再建をしたことで、再発のリスクが上がるというエビデンスはありません。

脂肪注入だけでは、形がきれいに保つことが難しい

シリコンは組織を広げる力があるので形を保つことができるのですが、脂肪にはその力がありません。そのため、全摘後の胸を脂肪注入だけで再建するのはもともと小さい乳房の方以外、ちょっと難しいのです。

ティッシュエキスパンダーの水を少しずつ抜きながら、脂肪に注入をするという方法を数回繰り返すことで、うまく脂肪に置き換えていくことは可能だと思いますが、全摘を受けた方に脂肪注入だけで形がきれいに保てるかというと、ちょっと難しいかもしれません。少なくとも反対側の胸と同じようにはならないと思います。

そのようなケースでは、シリコンと脂肪注入のハイブリッドで行うのが一番きれいで自然な胸が作れると思います。

温存療法の場合は、脂肪注入だけで十分きれいな形を保つことができることもあります。いずれも保険は適用されず、自費診療となります。

豊胸手術は執刀医の技術やレベルが如実に表れる

当院の豊胸術は、体のことを知り尽くした形成外科専門医（日本形成外科学会、日本専門医機構）が責任を持って行います。

美容外科といっても規模も方針も、医師の技術もさまざまです。バストを大きくするだけなら、そう難しくはありません。大きくするだけ、切るだけであれば、経験が浅い医師であっても、形成外科の専門医でなくても手術を行えるでしょう。

しかし「美しさ」という観点から考えれば、専門性の高い医師に任せるべきです。せっかく豊胸手術をしても、「イメージと違った」「聞いた話と、出来上がりが違う」というトラブルを招きかねません。

豊胸手術は「単にサイズアップすればよい」というものではありません。形やバランスを考慮せずに行うと、不自然で見た目にも不格好な形になるリスクがあります。見た目の美しさ、全体のデザイン、形までこだわった手術を行ってこそ、はじめて豊胸術ができるのです。そしてハッキリ言えばそれができるクリニックはそう多くないと思っています。

当院では形成外科医が「見た目や形」まで全体的に考え、手術プランを組み立てます。そのため仕上がりは極めて自然です。

当然、しこりや感染などのリスクを最小限にとどめるために細心の注意を払っています。

形成外科の訓練をしっかり積んだ医師が行ってこそ、受けた方に満足してもらえる豊胸が行えると思っています。

「はじめに」で、今や自分の意志で自由にバストメイクできる時代に入ってきていると書きましたが、そこには、患者さん自身が納得できるバストが実現できるクリニックを選択する力も必要だと感じています。

最後まで読んでいただき、ありがとうございました。

【参考資料】
一般社団法人 日本美容外科学会（JSAPS）
https://www.jsaps.com
一般社団法人 日本美容外科学会（JSAS）
http://www.jsas.or.jp
国立研究開発法人 国立がん研究センター
https://www.ncc.go.jp

美乳《びにゅう》の教科書《きょうかしょ》

2021年11月3日　初版第1刷

著　者――――――丸山直樹《まるやまなおき》・小野寺剛慧《おのでらたかあき》・宇都宮裕己《うつのみやひろき》・中江星子《なかえせいこ》
発行者――――――松島一樹
発行所――――――現代書林
〒162-0053　東京都新宿区原町3-61　桂ビル
TEL／代表　03(3205)8384
振替00140-7-42905
http://www.gendaishorin.co.jp/

ブックデザイン――岩永香穂（MOAI）
イラスト――――――miya
本文図表――――――宮下やすこ
編集協力――――――高橋扶美 ・堺ひろみ

印刷・製本　㈱シナノパブリッシングプレス
乱丁・落丁本はお取り替えいたします。

定価はカバーに
表示してあります。

ISBN978-4-7745-1911-1 C0077